《華嚴經》

十住品六種譯本
比對解析

（全彩版）

果濱 編撰

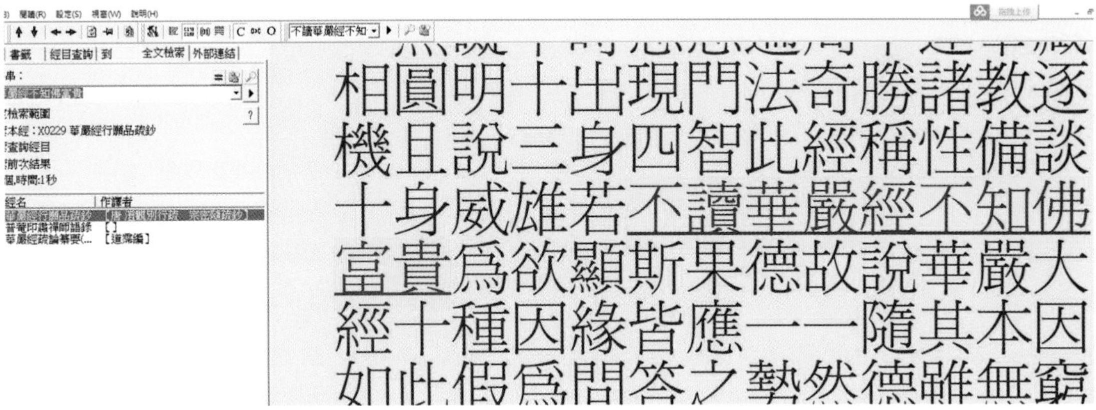
全文檢索
外部連結
本經：X0229 華嚴經行願品疏鈔
相圓明十出現門法奇勝諸教逐
機且說三身四智此經稱性備談
十身威雄若不讀華嚴經不知佛
富貴爲欲顯斯果德故說華嚴大
經十種因緣皆應一一隨其本因

唐・澄觀撰《別行疏》、宗密述《隨疏鈔》--《華嚴經行願品疏鈔・卷二》

若不讀《華嚴經》
不知佛富貴

唐末五代・永明 延壽《心賦注・卷三》

不讀《華嚴經》
焉知佛富貴
此一真心
可謂富貴

序文

本書全部字數接近 *10* 萬字，書名為：**《華嚴經》十住品六種譯本比對解析(全彩版)**。《華嚴經》的〈十住品〉出自八十《華嚴經》的第十六卷，詳細說應該有七個譯本，因為東晉・祇多蜜譯《佛說菩薩十住經》與劉宋・求那跋摩譯《佛說菩薩內戒經》，兩者譯本有 99%是相同的，所以扣除一個譯本，成為六個譯本，本書即以此六個譯本作詳細的比對暨研究。六個譯本的經文比對資料詳細如下圖所示：

吳・ 支謙(居士) 譯 《佛說菩薩本業經》 譯經時代 公元 222~253 年	西晉・ 竺法護譯 《菩薩十住行道品》 Dharma-rakṣa 譯經時代 公元 265~313 年	東晉・ 祇多蜜譯 《佛說菩薩十住經》 Gītamitra 東晉至華譯經 約公元 317~420 年 (兩人的譯本 99%是相同的) 劉宋・ 求那跋摩譯 《佛說菩薩內戒經》 Guṇavarman 生卒年 367~431	東晉・ 佛馱跋陀羅譯 六十《華嚴經・菩薩十住品》 Buddhabhadra 公元 421 年譯出	唐・ 實叉難陀譯 八十《華嚴經・十住品》 Śikṣānanda 公元 699 年譯出
北宋・中印度僧法天(？～1001)譯《大方廣總持寶光明經・卷一》(公元 982 年譯畢)				

從表格中可以發現「**十住菩薩**」的內容，從公元 **200** 多年就開始被「譯成漢文」，總共譯了七次，最後一次是在公元 **982** 年譯畢，也就是「**十住菩薩**」前前後後被「傳譯」了共 **700** 多年了，這是《華嚴經》中很特殊的一品，前後橫跨了 **700** 多年啊！因為〈**十住**〉是《華嚴經》所說大乘菩薩修行「階次」最開始的源頭，然後再歷經「**十行、十迴向、十地**」及「**等覺**」等，共有「**四十一位**」漸次臻於「佛果」之修行階位。既然是最源頭的「起始點」，所以筆者猜想這可能是〈十住品〉「傳譯」前後橫跨 **700** 多年的原因，足見「十住」菩薩「法義」在《華嚴經》中具有非常重要的基礎意義。

《華嚴經》的〈十住品〉是由十大菩薩之一的法慧菩薩(Dharma 法 mati 慧)，以盧舍那佛(Virocana 毘盧遮那佛)之「本願」功德力及「威神力」，及法慧自身的「善根力」，故能入「**無量方便三昧正受**」(analpa 無量 udyoga 勤作方便。analpodyoga 無量方便。samāpatti 等至;三昧正受)；及已能「代佛」為諸菩薩宣說有關菩薩修行的「十住」法義。但是東晉·祇多蜜譯的《佛說菩薩十住經》此經則是由「佛」來說的「十住法」，然後與文殊菩薩交互對話。若對照其餘譯本，「十住法」皆是由法慧菩薩所宣說的內容。但《華嚴經》經文最後也有說，法慧菩薩在宣說是「十住」法義時，於他方十方世界，亦同時宣說此「十住法」，乃至諸「文字、句義」，不增、不減，皆悉「同等」，也就是在《佛說菩薩十住經》中說此「十住法」是由「佛」來宣說的，但其餘譯本經典的「最後」仍會說「十住法」其實亦為「十方三世諸佛」所共同宣說的。

關於菩薩的「十住」行法名稱計有：

❶發心住。❷治地住。❸修行住。❹生貴住。❺具足方便住。
❻正心住。❼不退住。❽童真住。❾法王子住。❿灌頂住。

本書對「十住菩薩」每節的「大綱」內容如下安排：

1「**初發意**」菩薩(初住位)於最初見佛，應生起「十種功德」，應修學佛所具的「十力」之智。

「**發心住**」菩薩(初住位)應再修習「遠離生死輪迴」與「願生生世世皆生於諸佛前」等十種法，進而讓自己的「菩提心」能更加轉勝堅固。

2「**治地住**」菩薩(二住位)於一切眾生而應發「十種心」，然後再修習十種法來增長自己的「大慈悲心」。

3「**修行住**」菩薩(三住位)其心於十種法而修「觀照」，然後再修習十種法來讓自己更加「智慧明了」。

4「**生貴住**」菩薩(四住位)其心於十種法而應「修行成就」，然後再修習十種法來讓自己更加明曉通達「三世平等」之觀。

5「**具足方便住**」菩薩(五住位)其心於十種法而「應當修行」，然後再修習十種法來讓自己獲心「無所染著」。

6「**正心住**」菩薩(六住位)其心應於十種法而得「決定心」，然後再修習十種法來讓自己獲得「不退轉」之「無生法忍」。

7「**不退轉住**」菩薩(七住位)其心應於十種法而「決定不退轉」，然後再修習十種法來讓自己於一切法獲得「方便具足」與「出離解脫」。

8「**童真住**」菩薩(八住位)其心應於十種法而「安立而住」，然後再修習十種法來讓自己於「一切法」中獲更多「善巧方便」與成就。

9「**法王子住**」菩薩(九住位)其心應於十種法得「善解而知」，然後再修習十種法來讓自己於一切法獲得「無障礙智」。

10「**灌頂住**」菩薩(十住位)其心已得成就「十種智」，而一切眾生，乃至第九「法王子菩薩」，皆悉不能知其所具的「十種」境界。
「**灌頂住**」菩薩(十住位)應再修習諸佛所具的「十種智法」，然後證得佛之「一切種智」。

本書還特別探討了幾個重點，計有：

卍有關「十住菩薩位」的梵文轉譯總整理。
卍有關第二住菩薩「**治地住**」的梵文轉譯問題。
卍有關「**闍**ㄉㄨ 或 ㄕㄜˊ」的梵文轉譯例證。
卍有關「**咽**ㄧㄢ 或 ㄧㄝˋ」因讀音不同造成梵文轉譯不同。
卍有關第三住菩薩「**應行住**」與「**修行住**」的梵文轉譯問題。
卍有關第五住菩薩「**方便具足住**」與「**修成**」的梵文轉譯問題。
卍有關第六住菩薩「**正心住**」與「**行**ㄒㄧㄥˊ **登**」的梵文轉譯問題。
卍有關第七住菩薩「**越**ㄩㄝˋ 或 ㄏㄨㄛˊ」不同的讀音問題。

還有另一個重點是，支謙居士將第十住「**灌頂**」翻成「**補處**」的梵文推測解答：

(1)所有研究「**補處**」這二個字，都將之歸於「**一生補處**」的意思，「**一生補處**」常指向菩薩階位的最高位「**等覺**」菩薩，所以一般皆稱彌勒菩薩即為「**一生補處**」菩薩。
(2)「**補處**」原意是指「最後之輪迴者」，謂經過「此生」，「來生」定可在世間「成佛」的意思，有時又只略稱為「**補處**」二個字。

(3)在唐・玄一集《無量壽經記》則對「**一生補處**」另有四種的定義解釋，如云：

言「一生補處」者，且約「穢土」(的)**菩薩**(來說)**，有四種**(分類)**。**

一、「住定」(住正定)**菩薩：謂修「相好」**(善)**業**(經)**「百劫」中**(的)**菩薩。**(已)**定離「四過失」**(據《瑜伽師地論・卷五十六》云：謂若是處煩惱，能生四種過失，是有漏義。何等名爲四種過失？一、不寂靜過失。二、内外變異過失。三、發起惡行過失。四、攝受因過失)**，得「二果報」，**(已)**住**(於)**此「定」位，故言「住定」**(住正定菩薩)**也。**

二、(接)**近「佛地」**(的)**菩薩：若「通說」者，亦是「位定」也。若**(作)**「別說」者，「知足天」**(兜率天)**以**(降)**落**(人生的最後)**「一生」是也**(例如彌勒菩薩乃由「兜率天」降至「人間」下生而成佛，所以彌勒菩薩即是名爲「一生補處」菩薩)**。**

三、一生補處菩薩：「知足天」(兜率天)**菩薩，受此「天」**(之最後)**一生已，**(即)**能補**(位於)**「佛處」**(佛陀果位之處)**故。**

四、「最後生」(之)**菩薩：謂**(於來生將作)**「成佛」之身。**

若約「淨土」者，(則仍)**未見**(比較精準的)**「成文」**(證據)**，然**(窺)**基法師云：淨土**(中的)**觀音菩薩，雖**(也是)**「一生補處」，而不**(處)**在**(於兜率)**「天」**(的菩薩)**，**(此又)**不同**(於)**「穢土」**(之說)**。**

(4)若以「**一生補處**」的梵文則作：eka-jāti- pratibaddha

一　生　補處;所繫

在唐・慧琳的《一切經音義》中也認為「**阿惟顏**」即是「**一生補處**」菩薩，如下圖所示：

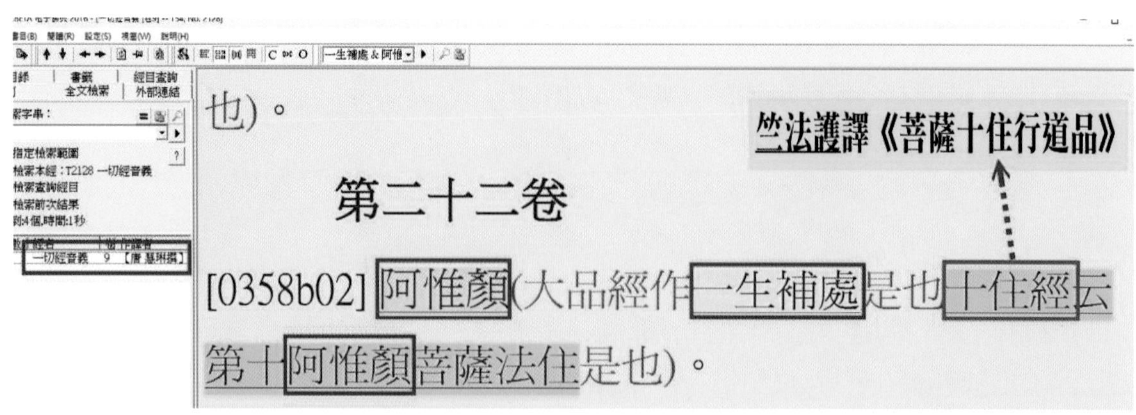

(5)若從「**一生補處**」的「義譯」與「梵文音譯」(eka-jāti- pratibaddha)來看，與將「**阿**

惟顏」(灌頂)菩薩等同是「**一生補處**」，都差之甚遠。為什麼呢？因為「灌頂住菩薩」只是「十住菩薩」的第十位而已，距離「**一生補處**」；來生「候補佛位」的「菩薩境界」，仍相差太遠！所以支謙翻譯的「**補處**」二個字應不能作「**一生補處**」去解釋的；除非比照「小乘把四果羅果就等同佛果境界」的理論去套用，那「十住菩薩」就會被詮譯成為如同「**一生補處**」菩薩的相同「境界」了。

(6)漢字中的「**顏**」，可讀成ㄢˊ 與ㄚˊ 兩種，如果讀成ㄚˊ 音，那「**阿惟顏**」最接近的「梵文」還原應作：

阿惟 **顏**ㄚˊ (古通「崖」)

abhi-ṣecanīya

灌頂;即位儀式

(7)另一個「**阿惟顏**ㄢˊ」的最接近的「梵文」則是 abhi-ṣyandana，指「**善補**」的意思，有沒有可能是這個「**善補**」字義，後來支謙就譯成了「**補處**」二個字，而「後人」看到「補處」二字又全部導歸成「一生補處」的菩薩？以上只是推測，所以還要留待「後人」繼續去努力破解吧！如下圖荻原雲來編**《梵和大辭典》**資料所示：

abhi-ṣecaniya (未受分) 灌頂せらるべき，灌頂に屬す
...). 男 灌頂；即位の式.

阿惟顏

...**na** 中 (—°)に對する征討又は進軍.
abhiṣeṇaya 名動 他 (業)を攻略す，に對して進軍す
abhi-ṣotṛ 男 Soma 汁を搾る人(又は祭官).
abhi-ṣṭava 男 稱讚，賞與.
abhi-ṣṭi 形 優れたる，戰勝の. 女 優位；助力，保護. 男 助手，保護者 [一般には *Indra* 神を稱す].
abhiṣṭi-śavas 形 有力なる援助を與ふる.
abhi-Ṣṭu abhiṣṭauti, abhiṣṭāvate, abhiṣṭuvati. → Stu I.
abhi-ṣṭuta (過受分) → Stu I. 漢譯 歎，歌詠讚歎，敬心讚歎 *Saddh-p.*, *Gaṇḍ-vy.*
abhi-Ṣṭhā abhitiṣṭhati. → Sthā.
abhi-Ṣyand abhiṣyandate, abhiṣyandayati(使役). → Syad.
abhi-ṣyanda ... 過剩，擴大；眼緣の爛るゝ病，眼炎；分泌.

阿惟顏

abhi-ṣyandana 中 漢譯 修，潤，善補 *Gaṇḍ-vy.*: sarva-jagan-mahākaruṇā ～tā 以廣大悲潤眾生 *Gaṇḍ-vy.* 294.

六‧《華嚴經》十住品六種譯本比對解析(全彩版)

最後祈望這本著作：**《華嚴經》十住品六種譯本比對解析(全彩版)**，能帶給更多後人來研究《華嚴經》〈菩薩十住品〉的修持內容。末學在教學繁忙之餘，匆匆撰寫，錯誤之處，在所難免，猶望諸位大德教授，不吝指正，爰聊綴數語，以為之序。

公元 2023 年　12 月 12 日　果濱序於土城楞嚴齋

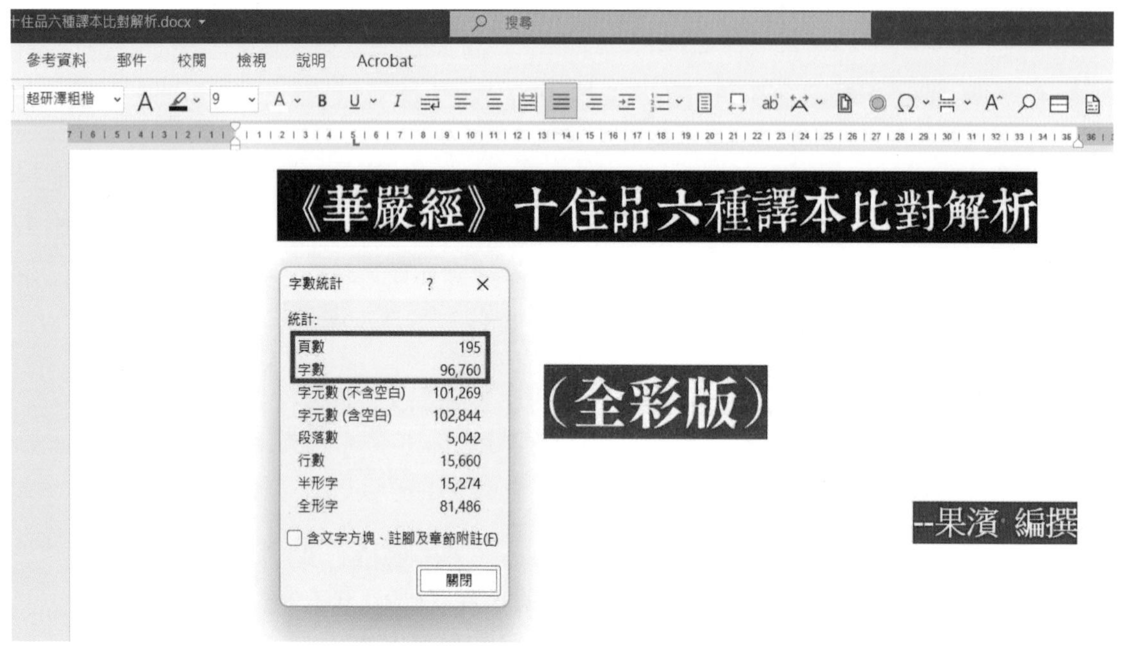

——目 錄——

弘一大師曾說，可誦《八十華嚴經》，讀到第 59 卷「離世間品」後，接著念《四十華嚴》共 40 卷，這樣前後總共 99，就是最完整的《華嚴經》讀誦本了。

個人建議，我們應該要保持經文的「原譯性、真實性」，不要任意把它給「斷開、補貼」。所以強烈「建議」，只需完整讀誦《六十》、或《八十》、或《四十》的《華嚴經》，不必特意「提倡」99《華嚴經》的「說法」！

「祖師」的說法，我們「尊重」即可，我們應該要弘揚「原譯」的「完整經文」才是「如法」的！

三本《華嚴經》，不含「標點符號」，總字數為：

496388+590320+258000=約 **134 萬** 4 千多字

《六十華嚴》 又稱為「舊經」 或稱《晉譯華嚴》 約 49 萬字 (不含標點符號)	東晉・佛馱跋陀羅譯 (Buddhabhadra 359～429) 公元 421 年譯出。 →距今 2023 年。 《六十華嚴》已超過 1600 年了。	原《下本經》十萬偈頌之「前分三萬六千偈」。 共三十四品，七處八會。
《八十華嚴》 又稱為「新經」 或稱為《唐譯華嚴》、《新華嚴》 約 59 萬字 比六十華嚴多出不到 10 萬字 (不含標點符號)	唐・實叉難陀譯 (Śikṣānanda 652～710) 公元 699 年譯出。 →距離《六十華嚴》已有 278 年了。 →距今 2023 年。 《八十華嚴》已超過 1300 年了。	原《下本經》十萬偈頌之「前分四萬五千偈」。 共三十九品，七處九會。
《四十華嚴》 約 25 萬字 (不含標點符號)	唐・般若譯 (prajñā 734～？) 公元 789 年譯出。 →距離《六十華嚴》已有 368 年了。 →距離《八十華嚴》只有 90 年了。	僅「入法界品」一品。今皆收於《六十華嚴》及《八十華嚴》之最後一品。 此「入法界品」佔《華嚴經》四分之一以上。

建議：可以「拜完」或「誦完」八十《華嚴經》後，再加拜，或加誦六十《華嚴經》！

這樣就可以「圓滿」108 萬拜的「拜經心願」或「誦經

心願」了！

而且保證絕無灌水的！

大方廣佛華嚴經

于闐國三藏實叉難陀奉· 制譯

無「標點符號」

字數統計

統計:

頁數	588
字數	590,302
字元數 (不含空白)	590,306
字元數 (含空白)	609,089
段落數	14,459
行數	24,094
半形字	2
全形字	590,300

含文字方塊、註腳及章節附註(F)

關閉

去掉「卷名、品名」重複的「作者」譯名 590320字。約59萬字。

如是我聞
一時佛在摩竭提國阿蘭若法菩提場中
其地堅固金剛所成
上妙寶輪及眾寶花清淨摩尼以為嚴飾諸色相海無邊顯現
摩尼為幢常放光明恒出妙音眾寶羅網妙香花纓周匝垂布摩尼
及眾妙華分散於地寶樹行列枝葉光茂
佛神力故令此道場一切莊嚴於中影現其菩提樹高顯殊特
金剛為身瑠璃為幹眾雜妙寶以為枝條寶葉扶踈垂蔭如雲寶花

《華嚴經》是經王嗎？正確答案：可說[是],也可說[不是]-2022 年果濱講於二楞講堂
https://drive.google.com/file/d/1GD1MkkReXWRFbS01u3iSOVMJI-OPx1sw/view?usp=sharing

[華嚴經]&[大般涅槃經]&[大般若波羅蜜多經]字數揭密-2022 年果濱講於二楞講堂
https://drive.google.com/file/d/17PpkM-e8kSK1njd_bvr8XbvTRDY3Cby9/view?usp=sharing

六十華嚴經

大方廣佛華嚴經卷第一

東晉天竺三藏佛馱跋陀羅譯

世間淨眼品第一之一

如是我聞一時佛在摩竭提國寂滅道場始成正覺其 … 眾寶雜華以為莊飾上妙
滿清淨無量妙色種種莊嚴猶如大海寶幢幡蓋光明照耀妙香華鬘 … 彌覆其上雨無盡寶顯現
諸雜寶樹華葉光茂佛神力故令此場地廣博嚴淨光明普照一切奇 … 根莊嚴道場其菩提樹高
特清淨瑠璃以為其幹妙寶枝條莊嚴清淨寶葉垂布猶如重雲雜色 … 摩尼以為其果樹光普照
世界種種現化施作佛事不可盡極普現大乘菩薩道教佛神力故常出一切眾妙之音讚揚如來無量功德不可思
子之座猶如大海眾妙寶華而為嚴飾流光如雲周遍普照無數菩薩大海之藏大音遠震不可思議如來光明逾摩
彌覆其上種種變化施作佛事一切悉覩無所罣礙於一念頃一切現化充滿法界如來妙藏無不遍至無量眾寶莊

字數統計

統計:

頁數	212
字數	496,338
字元數 (不含空白)	496,362
字元數 (含空白)	497,157
段落數	5
行數	10,581
半形字	8
全形字	496,330

含文字方塊、註腳及章節附註(F)

關閉

496388字
約49萬字

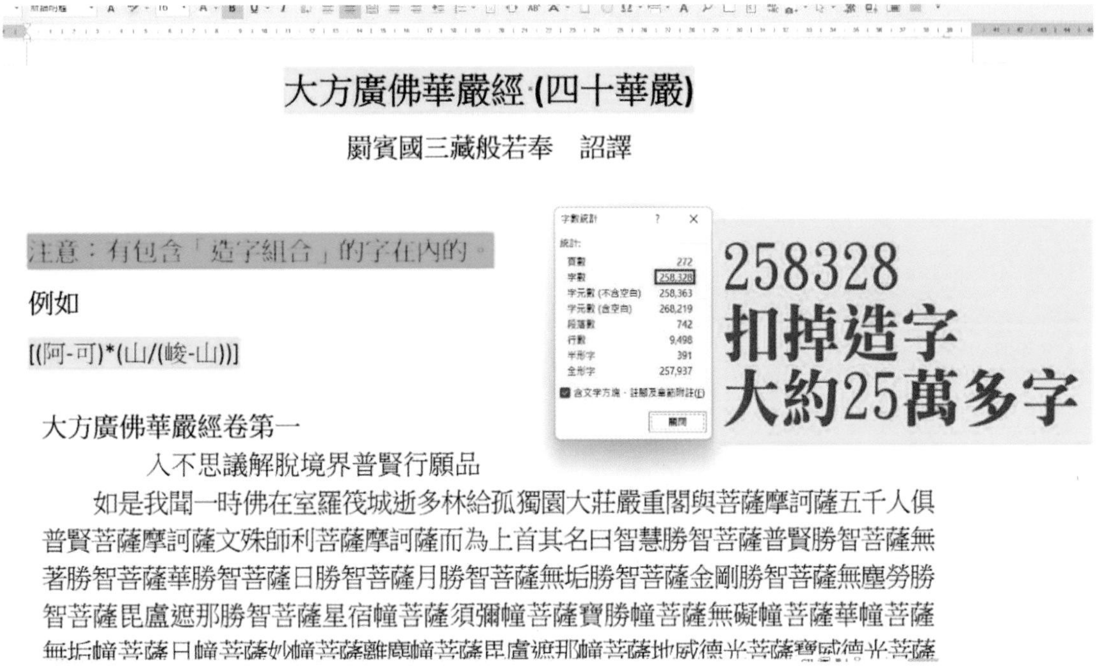

大方廣佛華嚴經 (四十華嚴)

罽賓國三藏般若奉　詔譯

注意：有包含「造字組合」的字在內的。

例如

[(阿-可)*(山/(峻-山))]

字數統計

統計:

頁數	272
字數	258,328
字元數 (不含空白)	258,363
字元數 (含空白)	268,219
段落數	742
行數	9,498
半形字	391
全形字	257,937

含文字方塊、註腳及章節附註(F)

關閉

258328
扣掉造字
大約25萬多字

大方廣佛華嚴經卷第一

入不思議解脫境界普賢行願品

如是我聞一時佛在室羅筏城逝多林給孤獨園大莊嚴重閣與菩薩摩訶薩五千人俱普賢菩薩摩訶薩文殊師利菩薩摩訶薩而為上首其名曰智慧勝智菩薩普賢勝智菩薩無著勝智菩薩華勝智菩薩日勝智菩薩月勝智菩薩無垢勝智菩薩金剛勝智菩薩無塵勞勝智菩薩毘盧遮那勝智菩薩星宿幢菩薩須彌幢菩薩寶勝幢菩薩無礙幢菩薩華幢菩薩無垢幢菩薩日幢菩薩妙幢菩薩離塵幢菩薩毘盧遮那幢菩薩地威德光菩薩寶威德光菩薩

《華嚴經·十住品》六種譯本比對解析

《華嚴經·十住品》六種譯本講解

(無法進入者，請翻牆，或找他人複製內容)

https://drive.google.com/drive/folders/137W0nDFhRK0ofHiefNfHzVeEFBGj08IT?usp=sharing

《華嚴經》第十六卷

十六－1 有關菩薩「十住品」的「緣起」之說

吳・ 支謙(居士)譯 《佛說菩薩本業經》 譯經時代 公元 222~253 年	西晉・ 竺法護譯 《菩薩十住行道品》 Dharma-rakṣa 譯經時代 公元 265~313 年	東晉・ 祇多蜜譯 《佛說菩薩十住經》 Gītamitra 東晉至華譯經 約公元 317~420 年 (兩人的譯本 99% 是相同的) 劉宋・ 求那跋摩譯 《佛說菩薩內戒經》 Guṇavarman 生卒年 367~431	東晉・ 佛馱跋陀羅譯 六十《華嚴經・菩薩十住品》 Buddhabhadra 公元 421 年譯出	唐・ 實叉難陀譯 八十《華嚴經・十住品》 Śikṣānanda 公元 699 年譯出
《十地品・第三》	《菩薩十住行道品・一卷》	《佛說菩薩十住經・一卷》 佛說「菩薩戒」十二時竟。 文殊師利白佛言： 菩薩用何「功	《菩薩十住品・第十一》	《十住品・第十五》

		德」得是「十住」？ 唯願(如來)「天中天」分別說之。 佛言：善哉！善哉！ 文殊師利菩薩摩訶薩！ (汝)多所「憂念」、 多所「安隱」。 吾當為汝具說(十住法)其要， (汝)諦聽諦受。 文殊師利言：受教。		

十六－2 法慧菩薩以盧舍那佛之「本願」功德力及「威神力」，及法慧自身的「善根力」，故能入「無量方便三昧正受」，及已能「代佛」為諸菩薩宣說有關菩薩修行的「十住」法義

吳・支謙(居士)譯《佛說菩薩本業經》 譯經時代 公元 222~253 年	西晉・竺法護譯《菩薩十住行道品》 Dharma-rakṣa 譯經時代 公元 265~313 年	東晉・祇多蜜譯《佛說菩薩十住經》 Gītamitra 東晉至華譯經 約公元 317~420 年	東晉・佛馱跋陀羅譯六十《華嚴經・菩薩十住品》 Buddhabhadra 公元 421 年譯出	唐・實叉難陀譯八十《華嚴經・十住品》 Śikṣānanda 公元 699 年譯出
㊀法意 (Dharma 法 mati	㊀曇昧摩提(Dharma 法		㊀爾時， 法慧(Dharma 法	㊀爾時， 法慧(Dharma 法

慧)菩薩即如其「像」,「正坐」定意,(即)入於「無量會見三昧」。	mati 慧)菩薩持佛(之)威神，便於佛前入是「阿難波渝迦三昧」。 (analpa 無量 udyoga 勤作方便。 analpodyoga 無量方便)		mati 慧)菩薩承佛(之)神力,(即)入菩薩「無量方便三昧正受」。 (現代梵文皆作此字 aneka-paryāyeṇa 無量方便。 samāpatti 等至;三昧正受)	mati 慧)菩薩承佛(之)威力,(即)入菩薩「無量方便三昧」。
㊁(法意菩薩以此「無量會見」三昧力故而)悉(能)見十方無數諸佛。	㊁(法慧菩薩以此「阿難波渝迦」三昧力故而)悉(能)見十方諸佛。(所謂見)十方諸佛者，其數(有)如「千佛」剎塵等;(以)「一塵」者為「一佛剎」,「一佛剎」(於)如是十方四面(皆周遍)。		㊁(法慧菩薩)入(此「無量方便」)「三昧」已,(於)十方「千佛」世界塵數佛土之外,各見(有)「千佛」世界塵數諸佛，是諸如來悉(與法慧菩薩同)號(爲)法慧。	㊁(法慧菩薩)以(此「無量方便」)「三昧」力,(於)十方各「千佛」剎微塵數世界之外,(見)有「千佛」剎微塵數諸佛,皆同(與法慧菩薩同)一號，名曰法慧,(諸佛皆)普現其前。
㊂(十方諸佛)各伸右手，摩其(法意菩薩)頭，俱言：善哉！法意！(唯有)菩薩(具)「勇健」,乃得是(無量會見三昧)「定」。	㊂(法慧菩薩)見十方諸佛皆悉言：善哉！善哉！曇昧摩提菩薩！ 十方諸佛皆賜與(汝)智慧。		㊂時，彼諸(法慧)佛(即)告法慧菩薩言：善哉！善哉！善男子！(汝)乃能入是菩薩「無量方便三昧正受」。 善男子！十方	㊂(諸法慧佛即)告法慧菩薩言：善哉！善哉！善男子！汝能入是菩薩「無量方便三昧」。 善男子！十方

			各(有)「千佛」刹塵數諸佛加(持與)汝神力，故能(令汝)入是(無量方便)「三昧正受」。	各(有)「千佛」刹微塵數諸佛，悉以「神力」共加(持)於汝。
㊃十方如來及釋迦牟尼佛，已皆拜汝(拜望於汝；拜寄於汝，令汝)成立功德，	㊃(諸佛)悉語曇昧摩提菩薩言：(此)是釋迦文佛「前世」本願所結成(之)「功德威神」(而)使「若益」(若=汝。汝獲得受益)。		㊃又(以)盧舍那佛(之)「本願」(功德)力故，(及)「威神力」故，及汝(之)「善根力」故，又欲令汝(能)廣(宣)說法故。	㊃(此)又是毘盧遮那如來(於)往昔「願力、威神」之力，及汝所修(之)「善根力」故，(故令汝能)入此(無量方便)「三昧」，令汝(能)說法。
㊄(令汝能)修微妙「辯」，	㊄❶(爲得)諸經(利)益者，(及獲)佛威神(利)益。		㊄❶(爲)長養「佛慧」故，	㊄❶為增長「佛智」故，
	❷(能)深入經處，		❷(能)開解「法界」故，	❷(能)深入「法界」故，
知(虛)空、(與)無著(之)行，	❸(能)悉示諸十方虛空法，		❸(能)分別「衆生界」故，	❸(能)善了「衆生界」故，
	❹(能達)心無所著；		❹(能)除滅「障」故，	❹(於)所入(獲)「無礙」故，
	❺(能)悉入「無所罣礙」中，		❺(能)入「無礙」境界故，	❺(於)所行(皆)「無障」故，
(能)究暢(究竟暢達)法要，	❻(能)悉入「大道」中，		❻(得)無等等方便，	❻得無等方便故，
	❼(能)疾近逮		❼(能)入「一切	❼(能)入「一切

	「佛」,		智」陀羅尼故,	智」性故,
(能貫)通諸佛語, (能)知衆生(心)意。	❽(能)悉知諸經(法), ❾(知)諸十方人所「思想」;		❽(能)覺一切法故, ❾(能)善知(眾人)「諸根」(思想)故,	❽(能)覺一切法故, ❾(能)知一切(眾人諸)根(思想)故,
汝行已(完)備, (將)得佛不久。	❿(能)悉學知十方諸(佛)所說(的)經(法),皆悉(能)知、(能)用。		❿(於)說法(皆能執)持故。	❿能(執)持(宣)說「一切法」故。
㊅今使汝(法意菩薩宣)說(有關)菩薩「十住」(之法義)。	㊅是故,(法慧菩薩)悉(能)為諸菩薩等(宣)說(有關)菩薩(之)「十法住」。		㊅所謂(有關)菩薩「十住」(之法義)。	㊅所謂:發起(有關)諸菩薩(之)「十種住」。
令諸學者(能)普知(其)所行。	悉及(已獲)得持佛(之)威神,(法慧菩薩)悉能(為大眾而)說。		(法慧菩薩)善男子!(汝)當承佛(之)神力,(能宣)說微妙法。	(法慧菩薩)善男子!汝當承佛「威神」之力而演(說)此法。

《大方廣總持寶光明經》

卷一的「經文」,與卷二的「偈頌」,與八十《華嚴經》的〈十住品〉,為相同的內容。

從卷三「佛子諦聽賢吉祥」起,到卷五的「如來以手摩其頂,解脫法門應善說」止,則與八十《華嚴經》的〈賢首品〉之「第十二」為相同內容。

北宋・中印度僧法天(?~1001)譯《大方廣總持寶光明經・卷一》云:(公元 982 年譯畢)

是時,法慧菩薩承佛威神,即入三昧,名「菩薩無邊相應寶光明三摩地」。于時,法慧菩薩即便入於十方十千佛剎微塵等世界,於一一方,各各有十千佛剎微塵等諸佛世尊,皆現在前。

時彼諸佛世尊，語法慧菩薩言：一方如是，十方亦然。

彼佛世尊讚言：善哉，善哉！法慧！汝能入此「菩薩無邊相應三摩地」故。復次，善男子！是時於一一方，有此一切十方十千佛剎微塵等如來位，彼如是等一切如來，皆同一號，皆是世尊毘盧遮那如來，最初「威德、本願力」故，得「大善利」，乃至轉「大法輪」。
彼如是等諸佛，同說偈言：
佛智本清淨，普周於法界，
及觀眾生界，遍入無礙智，
無等相應門，善一切言語，
速得一切智，圓滿於諸法，
三世智皆圓，善說如是法。
善男子！汝今以佛威神力故，說此菩薩十住法門。

十六－3 一切如來即授與法慧菩薩共有十種之智。一切菩薩皆從三世諸佛之「種性」中而生

吳・ 支謙譯 《佛說菩薩本業經》	西晉・ 竺法護譯 《菩薩十住行道品》	東晉・ 祇多蜜譯 《佛說菩薩十住經》	東晉・ 佛馱跋陀羅譯 六十《華嚴經・菩薩十住品》	唐・ 實叉難陀譯 八十《華嚴經・十住品》
㊀於是法意菩薩，(獲)得佛(所給與的) 辯、辭， 明哲、 至真， 不忘、 不難。	㊀爾時，曇昧摩提(Dharma 法 mati 慧)菩薩(於得佛威神後即能有)所語說，(獲得) ❶無所罣礙、 ❷無所難也； ❸無有盡儩ㄙ(窮盡;消盡)時、 ❹無有能(再)「升量」者、 ❺無有「極止」時； ❻無有能(再)		㊀爾時，一切如來即(授)與法慧菩薩(共有十種之智)： ❶無礙智、 ❷無住智、 ❸無斷智、 ❹無癡智、 ❺無壞智、	㊀是時，諸佛即(授)與法慧菩薩(共有十種之智)： ❶無礙智、 ❷無著智、 ❸無斷智、 ❹無癡智、 ❺無異智、

	逮(及)者、 ❼無有能(再)得「長短」者; ❽未曾有「忘」時、 ❾無不得「明」者，悉(平)等(而)無異; ❿無有「懈慢」時，衆(人皆)所不能及。		❻無惡智、 ❼無量智、 ❽無勝智、 ❾無懈怠智、 ❿無退智。	❻無失智、 ❼無量智、 ❽無勝智、 ❾無懈智、 ❿無奪智。
	(法慧菩薩乃能)持是(無量方便)「三昧力」。		何以故?彼(法慧菩薩乃由無量方便之)「三昧力」法，(而能)如是故。	何以故?此(法慧菩薩乃由無量方便之)「三昧力」法，(而能)如是故。
	㊁(爾時)十方諸佛等，皆各各伸「右手」(而)著曇昧摩提(Dharma 法 mati 慧)菩薩頭上。		㊁爾時，諸佛各伸(其)「右手」，摩法慧菩薩頂。	㊁是時，諸佛各申(其)「右手」，摩法慧菩薩頂。
㊂(法意菩薩即)從「定意」覺(起)，而言曰: 諸族姓子(善男子)!	㊂以曇昧摩提菩薩使於(無量具足之)「三昧」中(而)覺(起)，便語菩薩言: 諸佛子!(請)皆聽，菩薩(之住)舍(kula 家;種性;住處)甚(廣)大，悉如虛空。		㊂(諸佛)摩其(法慧菩薩)頂已，即從「定」起，告衆菩薩言: 諸佛子!菩薩(之)「種性」(kula 家;種性;住處)，甚深廣大，與「法界虛空」(平)等。(我們都是從如來「種	㊂法慧菩薩即從「定」起，告諸菩薩言: 佛子!菩薩(之)「住處」(kula 家;種性;住處)廣大，與「法界虛空」(平)等。

			性」中而生。 我們都是從如來「種性」家中而生。我們都是從如來「種性」住處中而生)	
	肆(於)經(中之)處(有)何因(緣)？菩薩(之住)舍(kula 家；種性；住處)甚大。 過去諸佛悉那ㄋㄨㄛˊ(那指「於」的意思)中生、 當來諸佛悉那ㄋㄨㄛˊ(於其)中生、 今現在諸佛悉那ㄋㄨㄛˊ(於其)中生？ 何因菩薩(而能)入(此)「大道」中？ 從何因緣(而能)入是「大道」中？ (以)何因(為)正爾？		肆一切菩薩(皆)從三世諸佛(之)「種性」中(而)生。	肆佛子！菩薩(皆)住(於)三世諸佛「家」，(關於)彼菩薩(之所)住，我今當說。

北宋・中印度僧法天(？～1001)譯《大方廣總持寶光明經・卷一》云：

是時彼佛世尊各以無礙智，往照法慧菩薩，復得如是三摩地門，所謂無礙、無斷、不空法、不空智、無漏、無際、無盡、無來、無去、無邊、本性無著，得如是等三摩地門。

是時彼佛世尊各伸右手，摩法慧菩薩頂。彼佛世尊摩菩薩頂已，即時法慧菩薩，從「三摩地」起，告諸菩薩言：
佛子！菩薩族類廣大無量，周遍法界、虛空界。
佛子！菩薩摩訶薩，於過去如來族中已生，現在如來族中今生，未來如來族中當生。

kula 田 獸群，群；群集，集團，一群又は一團；種姓，種族，家族；團體，組合；高貴の家系；住處，家，住宅；裁判官；漢譯 族，宗族，家族，種，種族，種姓，姓種族，族姓；性；親；眷屬；善家，家，戶 *Divy.*,

那1 [nuó ㄋㄨㄛˊ]
[《廣韻》諾何切，平歌，泥。]
亦作"郍1"。
1.多。《詩·小雅·桑扈》："不戢不難，受福不那。"毛傳："那，多也；不多，多也。"2.安閒貌。《詩·小雅·魚藻》："王在在鎬，有那其居。"鄭玄箋："那，安貌。天下平安，王無四方之虞，故其居處那然安也。"宋王安石《上執政書》："魚者，潛逃深眇之物，皆得其所安而樂生，是以能那其居也。"3.美好。明 湯顯祖《紫釵記·哭收釵燕》："人兒那，花燈奼，淡月梅橫釵玉掛。"參見"那暨"。4.對於。《國語·越語下》："吳人之那不穀，亦又甚焉。"韋昭注："那，於也。"5."奈何"的合音。《左傳·宣公二年》："牛則有皮，犀兕尚多，棄甲則那？"杜預注："那，猶何也。"楊伯峻注："那，奈何之合音。顧炎武《日知録》三十二雲：'直言之曰"那"，長言之曰"奈何"，一也。'"唐李白《長干行》之二："那作商人婦，愁水復愁風。"康有為《東事戰敗聯十八省舉人三千人上書》詩："美使田貝警士氣則那！索稿傳鈔天下墨爭磨。"陳邇冬等注："那字有奈

十六－4 菩薩有「十住」行法，此為三世諸佛所共宣說。❶發心住、❷治地住、❸修行住、❹生貴住、❺具足方便住、❻正心住、❼不退住、❽童真住、❾法王子住、❿灌頂住

吳· 支謙譯 《佛說菩薩本業經》 譯經時代 公元 222~253 年 曾經翻譯過的佛典大約有 88 部。	西晉· 竺法護譯 《菩薩十住行道品》 Dharma-rakṣa。 239~316 曾經翻譯佛典大約有 161 部。世人尊稱大師爲敦煌菩薩	東晉· 祇多蜜譯 《佛說菩薩十住經》	東晉· 佛馱跋陀羅譯 六十《華嚴經·菩薩十住品》	唐· 實叉難陀譯 八十《華嚴經·十住品》
㊀	㊀	㊀佛言：	㊀	㊀

(法意菩薩言：) (若)欲求佛者，有「十地住」(有十個「階地」而應「住」，即指「十住」)。 (此「十住」於)往古、(未)來、今(現)，(三世諸佛)皆由此(而)成。 (此十住爲)「衆祐」(bhagavat 婆伽梵之)所歎，是合無量，具陳演說，如(三世諸)佛所(共)言。	(法慧菩薩言：) 菩薩有「十法住」，(妙)用(有不同)分別，如過去、當來、今、現在(之)佛等所(共同宣)說。	(《佛說菩薩十住經》此經是由「佛說」的「十住法」，然後與文殊菩薩交互對話。 若對照其餘譯本，「十住法」皆是指由法慧菩薩所宣說) 有「十住」菩薩(之)功德，各有「高下」，自有「次第」(之別)。	(法慧菩薩言：) 諸佛子！菩薩摩訶薩(有)「十住」行，(此爲過)去、(未)來、現在諸佛(之)所(共)說。	(法慧菩薩言：) 諸佛子！菩薩(之)「住」有十種，(此爲)過去、未來、現在諸佛，已說、當說、今說。
㊁何等為十？ ❶第一、發意。	㊁何等為諸菩薩十法住？ ❶第一者：波藍耆兜波(prathama-cittotpādika 初發意)菩薩法住。	㊁文殊師利言(此經是以佛與文殊師利的對話出現，對照其餘譯本，仍是指法慧菩薩所言)：何等為十？	㊁何等為十？ ❶一名、初發心。 (prathama-最初；第一 cittotpādika 心 發起)	㊁何者為十？所謂： ❶初發心住。
❷第二、治地。	❷第二者名：阿闍浮(ādi-karmika 治 bhūmi 地)菩薩		❷二名、治地(治自心地)。 (明・憨山 德清《楞嚴經通議・卷八》云：治	❷治地住。 (現代的國音將「平聲」分爲「陰平、陽平」二類，即第一聲、第二

	法住。		地住，治字平聲呼)	聲。第二聲的注音符號會使用「ˊ」來表示)
❸第三、應行。(相應修行者)	❸第三者名：渝阿闍(yogācāra 修行者)菩薩法住。		❸三名、修行。	❸修行住。
❹第四、生貴。(生於最尊勝、最富貴之佛法處)	❹第四者名：闍摩期(janma-ja. 生貴。janma-jina 生於最勝)菩薩法住。		❹四名、生貴，	❹生貴住、
❺第五、(具足)修成(修行成就)。	❺第五者名：波渝三般(pūrva-yoga-saṃpanna 方便具足)菩薩法住。		❺五名、方便具足。	❺具足方便住。
❻第六、(具足)行登。(品行;德行。高登)	❻第六者名：阿耆三般(adhyāśaya 正心 saṃpanna 具足)菩薩法住。		❻六名、(具足)正心。	❻(具足)正心住。
❼第七、不退。	❼第七者名：阿惟越(古別音)致。(「惟」字的對應梵文有四種 vi,vai,bi,bhi。avaivartika 不退轉。本字常作下面的梵文 avinivartanīya。阿鞞跋致)		❼七名、不退。	❼不退住。

	菩薩法住。			
❽第八、童真。	❽第八者名： 鳩摩羅浮 童男 (kumāra-bhūta 童 眞 kumāra-bhūmi 童眞 地。 此處翻譯是把梵文的「音譯」+「中文」意思，全部連著放在一起了) 菩薩法住。		❽八名、童真。	❽童真住。
❾第九、了生。 (yauva 子-rājya 王。 了其所生之子=了生。 我了解了，我是國王所生之子。 我了解了，我是如來所生之「佛子」)	❾第九者名： 渝羅闍ㄕㄜˊ (yauva-rājya 太子位。 dharma-yauvarājya 法王位) 菩薩法住。		❾九名、法王子， (容易誤以爲是「世間法」的國王與太子。因爲現在講的是「佛陀」與「法王子」，所以才又加上一個「法」字)	❾王子住、
❿第十、補處。 (一般皆作「一生補處」解，但也可能是另一個梵文的意思： abhi-ṣyandana 善補；潤)	❿第十者名： 阿惟顏ㄧㄚˊ（古通「崖」） (abhi-ṣecanīya 灌頂;即位儀式 (abhiṣekāvasthā 灌頂位 abhiṣeka-bhūmi 灌頂地) 菩薩法住。		❿十名、灌頂。	❿灌頂住。
			㊂諸佛子！(此)是名菩薩(之)「十住」(法)，(乃爲過)去、(未)	㊂(此)是名菩薩(之)「十住」(法)，(乃爲過)去、(未)來、現在諸

			來、現在諸佛(之)所(共)說。	佛(之)所(共)說。

北宋・中印度僧法天(？～1001)譯《大方廣總持寶光明經・卷一》云：

是時，彼諸菩薩摩訶薩，告法慧菩薩言：佛子！如汝所說，彼菩薩摩訶薩云何得「過去、現在、未來」諸如來族中生？復云何說彼菩薩得「菩薩住」故？

彼諸菩薩摩訶薩告法慧菩薩言：佛子！善哉！願為我等說此菩薩「十住」法門，彼「過去佛」已說，「現在佛」今說，「未來佛」當說。

佛子！云何說菩薩「十住法」行？所謂：
一、發心住，二、治地住，三、相應住，四、生貴住，五、方便具足住，六、正心住，七、不退住，八、童真住，九、王子住，十、灌頂住。

佛子！是為菩薩「十住法」行。此「過去、未來、現在」三世諸佛世尊，已說、今說、當說。

卍有關「十住菩薩位」的梵文轉譯總整理

1800 年前古佛經記載的[十住]位菩薩[梵文]怎麼唸--2023 年果濱講於二楞講堂
https://drive.google.com/file/d/1wxReBS-37hX2gYM_NAnDxU0FjHR0MmeE/view?usp=sharing

關於「十住」位菩薩的古老「梵文」讀音，恭喜大家，終於「會唸」了。經過了 1800 年後，終於可以「正確的、準確的」讀音出來！

十住位菩薩名稱	中文翻譯名稱	梵文原始名稱
初住位	(最初之)發意。 初發心。 波藍耆兜波。	prathama-cittotpādika→初發意 最初;第一　心　發起
二住位	治ㄔˊ 地。 阿闍ㄉㄨ 浮。	ādi-karmika bhūmi→治地
三住位	應行(相應於修行)。 修行。 渝阿闍ㄕㄜˊ 。	yogācāra→修行者
四住位	生貴(生於最勝尊貴之處)。 闍ㄕㄜˊ 摩期。	janma-jina→生於最勝 誕生　最勝 janma-ja→生貴　(兩者皆可)
五住位	(具足)修成(修行成就)。 方便具足。 具足方便。 波渝三般。	pūrva-yoga- saṃpanna 往昔 方便;修行　具足
六住位	(具足)行ㄒㄧㄥˋ 登(品行;德行ㄒㄧㄥˋ 。高登)。 (具足)正心。 阿耆三般。	adhyāśaya saṃpanna 正心;品行　具足
七住位	不退(轉)。 阿惟越ㄕㄜˊ 致。	avaivartika→不退轉 avinivartanīya→阿鞞跋致

		(兩者皆可)
八住位	童真。 鳩摩羅浮。	kumāra- bhūta ➔kumāra 鳩摩羅。bhū 浮 童子 眞
九住位	了生(我了解了，我是如來所生之「佛子」)。 法王子。 王子。 渝羅闍ㄕㄜ 。	yauva-rājya ➔yau 渝 。 rājya 羅闍 子 國王 dharma-yauvarājya 法 王位
十住位	補處。 灌頂。 阿惟顏ㄚˊ 。	abhi-ṣecanīya ➔abhi 阿惟 。 ya 顏ㄚˊ 灌頂;即位儀式 abhi-ṣyandana ➔abhi 阿惟。yan 顏ㄢˊ 善補 (兩者皆可)

楞嚴與華嚴的「菩薩聖位」比較圖解

聖位	《楞嚴經》	《華嚴經》
	乾慧地(束「前三漸次」中所含的「十信」，總成一位，即合「十信」爲「乾慧」也)。	
十信	①信心住 ④慧心住 ⑦護法心 ②念心住 ⑤定心住 ⑧迴向心 ③精進心 ⑥不退心 ⑨戒心住 ⑩願心住	
十住	①發心住 ④生貴住 ⑦不退住 ②治地住 ⑤方便具足住 ⑧童真住 ③修行住 ⑥正心住 ⑨法王子住 ⑩灌頂住	①發心住 ④生貴住 ⑦不退住 ②治地住 ⑤具足方便住 ⑧童真住 ③修行住 ⑥工心住 ⑨法工了住 ⑩灌頂住
十行	①歡喜行 ④無盡行 ⑦無著行 ②饒益行 ⑤離癡亂行 ⑧尊重行 ③無瞋恨行 ⑥善現行 ⑨善法行 ⑩真實行	①歡喜行 ④無屈撓行 ⑦無著行 ②饒益行 ⑤離癡亂行 ⑧難得行 ③無違逆行 ⑥善現行 ⑨善法行 ⑩真實行
十迴向	①救護一切眾生離眾生相迴向 ②不壞迴向 ③等一切佛迴向 ④至一切處迴向 ⑤無盡功德藏迴向 ⑥隨順平等善根迴向 ⑦隨順等觀一切眾生迴向 ⑧真如相迴向 ⑨無縛解脫迴向 ⑩法界無量迴向	①救護一切眾生離眾生相迴向(隨順堅固一切善根迴向) ②不壞迴向 ③等一切佛迴向 ④至一切處迴向 ⑤無盡功德藏迴向 ⑥入一切平等善根迴向 ⑦等隨順一切眾生迴向 ⑧真如相迴向 ⑨無縛無著解脫迴向 ⑩入法界無量迴向
四加行	①煖地 ②頂地 ③忍地 ④世第一地	
十地	①歡喜地②離垢地③發光地④燄慧地 ⑤難勝地⑥現前地⑦遠行地⑧不動地	①歡喜地②離垢地③發光地④燄慧地 ⑤難勝地⑥現前地⑦遠行地⑧不動地

	⑨善慧地⑩法雲地	⑨善慧地⑩法雲地
等覺	**等覺**	**十大三昧(十定)** ①普光明三昧 ②妙光明三昧 ③次第遍往諸佛國土神通三昧 ④清淨深心行三昧 ⑤知過去莊嚴藏三昧 ⑥智光明藏三昧 ⑦了知一切世界佛莊嚴三昧 ⑧一切眾生差別身三昧 ⑨法界自在三昧 ⑩無礙輪三昧
		十通 ①他心智通 ②天眼智通 ③宿住隨念智通 ④盡未來際劫智通 ⑤天耳智通 ⑥往一切佛刹智通 ⑦善分別一切言辭智通 ⑧無數色身智通 ⑨一切法智通 ⑩一切法滅盡三昧智通
		十忍 ①音聲忍 ②順忍 ③無生法忍 ④如幻忍 ⑤如燄忍 ⑥如夢忍 ⑦如響忍 ⑧如影忍 ⑨如化忍

		⑩如空忍
妙覺	**妙覺**	**妙覺**

卍有關第二住菩薩「**治地住**」的梵文轉譯問題

阿闍ㄉㄨ 浮

ādi-karmika 治 bhūmi 地

其實 ādi-karmika 在梵文的解釋上幾乎會與「第一住」菩薩「初發心意」而相混。因爲 ādi-karmika 也解作「新學、新發意」的意思。如下圖所示。

ādi-karmika 男 形 初心者 (*Divy.*); 初學, 初學者, 初業, 初業者, 初發心, 初入門者, 初行者, 初行之者; 始業; 新學, 新發意 *Aṣṭ-pr., Sapt-pr., Saddh-p., Rāṣṭr., Śikṣ., Bodh-bh., Abh-vy., Mvyut.*; 最初犯人 *Divy. 544.*; 治地 *Gaṇḍ-vy. 94.*
ādi-karmin 形 初行者 *Śikṣ.*

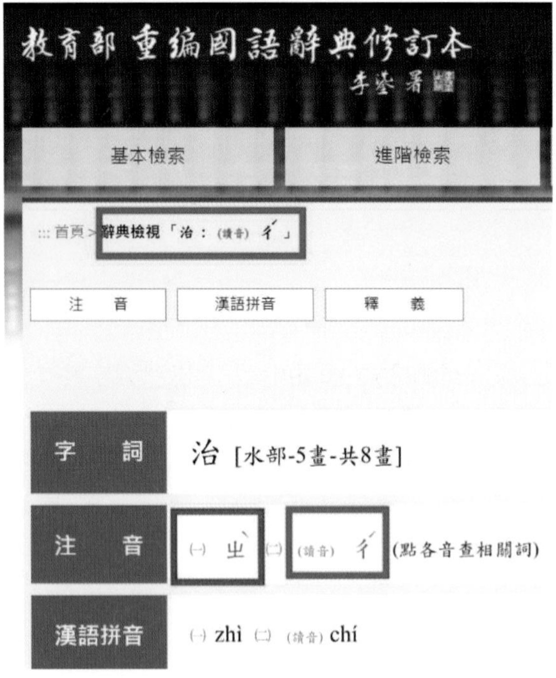

卍有關「闍ㄉㄨ 或 ㄕㄜˊ」的梵文轉譯例證

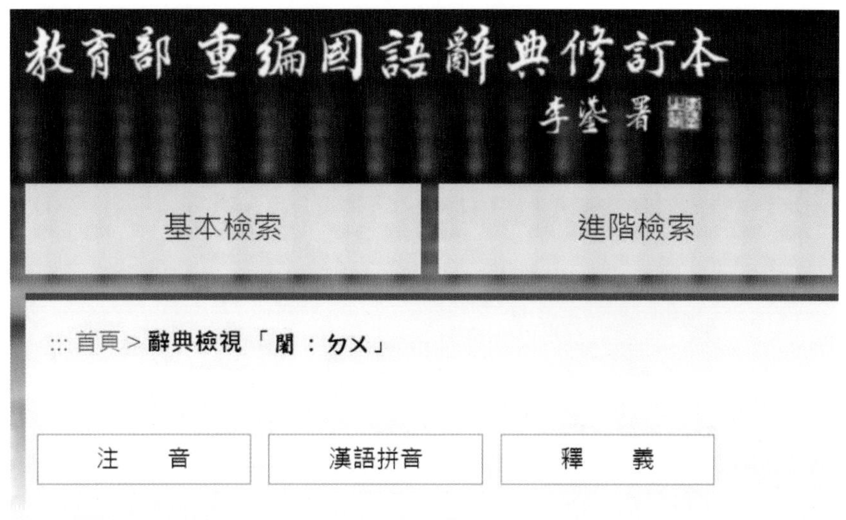

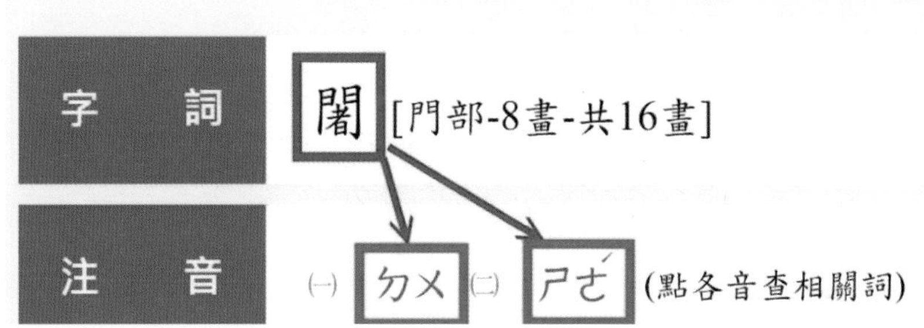

(一)耆闍ㄉㄨ 崛山(**Gṛdhra** 鷲鳥-**kūṭa** 峰;頂;山;臺;樓。靈鷲山、靈山)

闍ㄉㄨ →**dh**

(二)頻闍ㄉㄨ 訶婆娑。梵名作**vindhya vāsin**。為印度數論派學者。

vindhya乃頻闍訶山名。

vāsin「婆娑」譯為「住」，以其住於頻闍訶山故有此稱。

闍ㄉㄨ →**dh**

(三)阿闍ㄕㄜˊ 世，梵名 **ajātaśatru**。

闍ㄕㄜˊ →**jā**

(四)阿闍ㄕㄜˊ 梨，梵名 **ācārya**。

闍ㄕㄜˊ →**cā**

(五)荼闍ㄉㄨ 他，梵名 **dagdhṛ** 能燒。**tāpa** 熱惱→能燒煩惱熱=無熱惱。

闍ㄉㄨ →**dh**

卍有關「咽ㄧㄢ 或 ㄧㄝˋ」因讀音不同造成梵文轉譯不同

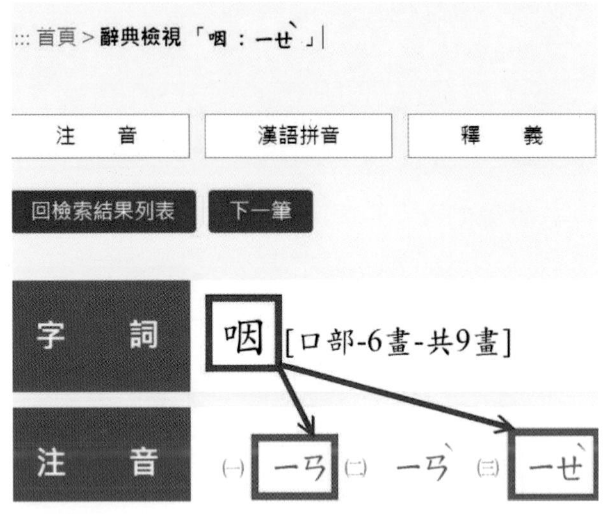

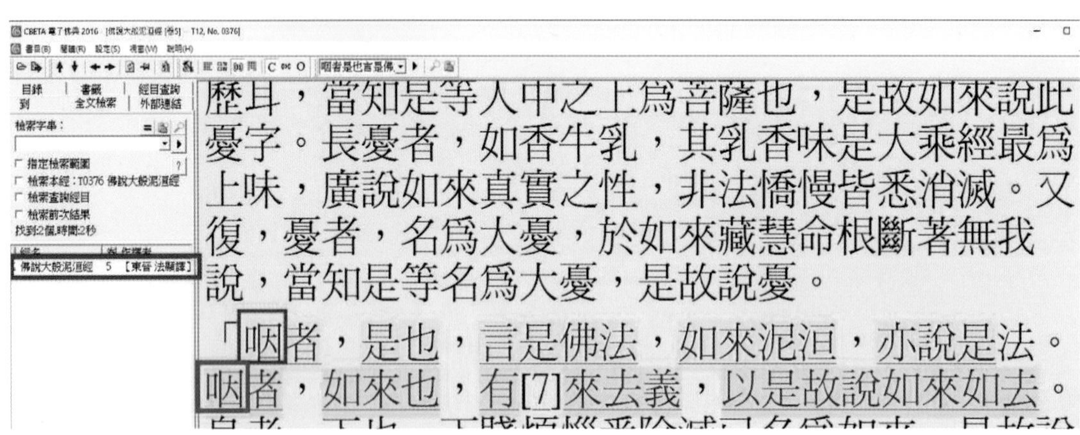

東晉・法顯《佛說大般泥洹經・文字品》

「咽ㄧㄢ e」者，「是」也，言(如)是(之)「佛法」，(如是之)如來「泥洹」，亦說「是」法。

東晉・法顯《佛說大般泥洹經・文字品》

「咽ㄧㄝˋ ai」者，如來也，有「來、去」(之)義，以是故說如(是之)「來」、如(是之)「去」。

卍有關第三住菩薩「**應行住**」與「**修行住**」的梵文轉譯問題

yogācāra→修行者；相應行者；相應於修行；修觀行者；觀行者；如實修行者；修習行

yogācāra (°ga-āc°) 男 Yoga の実修または遵守 [Samādhi の一種] (*Kār-vy.*); =yogin (*Mvyut.*); (複) [仏教学派の一]; (單) *Yogācāra* の学徒; [illegible] 修行，修行相，修習行，寂静修行，相応行，觀行，修行者，如実行者，觀行者，修觀行者 *Aṣṭ-pr.*, *Gaṇḍ-vy.*, *Laṅk.*, *Mvyut.*, *Saddh-p.*; (音写) 瑜伽師 *Aṣṭ-pr.*

卍有關第五住菩薩「**方便具足住**」與「**修成**」的梵文轉譯問題

pūrva-yoga-　　saṃpanna
往昔 修行;方便　　具足

pūrva 形 前に在る，前の；前面の，東の；(從) の東に在る；先行する；先の，以前の；(從，一°) より以前の；昔の，伝統の，往時の；(系列の中の)第一の；最も低い(科料)；あらかじめまたは初めに述べられたまたは挙げられた；[きわめて通常 過受分 の後に附して] あらかじめまたは前に [例 dṛṣṭa～ 前に見られた]；一° 形 …を先行する事物としてもつ…に先行された，…に伴われた，…に基づいた；漢訳 前，先，在先；先発，先来，従先来；先時，先世，昔，古昔，往昔，宿，宿世，過去；曾，夙，旧；初，始，本，元宗，源宗 *Abh-vy.*, *Aṣṭ-pr.*, *Bodh-bh.*, *Buddh-c.*,

yoga

sbyor ba] *Bodh-bh. 206*；平等 *Sūtr.*；随，因 *Buddh-c. 77.*, *Sāṃkhy-k.*；約 *Abh-vy. 567*；相応，応学，理，如理，道理 *Abh-vy.*, *Bodh-bh.*, *Madhy-vibh.*, *Mvyut.*, *Sūtr.*, *Vijñ-t.*, 玄応.；行，修，習，修行，修学，精勤修習，精勤研究 *Aṣṭ-pr.*, *Bodh-bh.*, *Lal-v.*, *Laṅk.*, *Mvyut.*, *Sūtr.*；観 *Laṅk.*, *Mvyut.*；方便，巧便 *Bodh-bh.*；°— 侍従 *Divy. 639*；禅 [dhyāna の 音写] *Buddh-c. 6.*；音写 瑜伽 *Bodh-bh.*, *Mvyut.*, 玄応.：～ḥ karaṇīyaḥ 応精勤修習 *Lal-v. 90.*, 当勤修学 *Bodh-bh. 236*, 勤精進 *Sūtr.*；tad ～āt 約(成)彼 *Abh-vy. 567*；mahā-yāna～ 大乗行 *Laṅk.*；～m āpattavyam 精勤修習 [*Prajñ-vy. 42.* 参照] *Mvyut.* → a～, nimitta～, pūrva～, yathā～m. ～ṃ Kṛ 漢訳 修習 精勤修習 *Bodh-bh.* ～m ā-Pad 漢訳 修習，勤修，勤修学，勤行，修行，精勤修学，学，習，勤加精進，精進(供養)奉行；思惟，繫念思惟；

pūrva-yoga 男 [*Pāli* pubba-yoga.] 前世の関係すなわち前世の身または業との関係，前世の行為（とその成果）(*Mah-v.*)；漢訳 本事，本生，往古，往古学，本生事，往昔事，本事相応，本事因縁，縁，昔因縁，本所修行 *Gaṇḍ-vy.*, *Saddh-p.*, *Suv-pr.*

pūrvayoga-pratisaṃyukta 形 漢訳 先世相応，宿世因縁 *Bodh-bh.*, *Saddh-p.*

pūrvayoga-saṃpanna 形 漢訳 方便具足，方便道 *Gaṇḍ-vy.*

卍有關第六住菩薩「正心住」與「行工厶 登」的梵文轉譯問題

阿耆三般(正心住)

adhyāśaya 正心。saṃpanna 具足

adhy-āśaya 男 意向，欲望，願望，傾向 (*Divy.*)；高潔なる心；漢譯 所樂，樂欲，欲樂，意樂，勝故意，勝意樂，心所欲樂，增上意樂，志樂，殊勝志樂；心，志心，至心，誠心，正心，一心，正直心，正直深心，深心，深固心，深(淨)心，深心所念，增上深心，增上心，心念；誓，願，增上願(力)；志高，高志，餘志，志性，志意；正信；至誠；深求 *Aṣṭ-pr.*, S 品行；德行 *iṣtr.*,

卍有關第七住菩薩「越ㄩㄝˋ 或 ㄏㄨㄛˊ」不同的讀音問題

與「惟」字對應對的梵文羅馬拼音有四種 **vi,vai,bi,bhi**。

avaivartika→不退轉。

阿惟　越 致

本字常作下面的梵文 avinivartanīya→阿鞞跋致

阿鞞　跋 致(似乎無相對應的梵文音？)

部首:	走+ 5筆 = 共12筆.
字典出處:	宋本廣韻: 頁477第50 頁486第21 康熙字典: 頁1216第28 辭海: 卷1頁 頁3480第02
表面結構:	左下：走，右上：戉。 Component of: [illegible] [illegible] [illegible] [illegible] 樾 [illegible] [illegible] [illegible] [illegible] [illegible] [illegible]
國語發音:	yuè huó ㄩㄝˋ ㄏㄨㄛˊ
粵語發音:	jyut6
唐代發音:	*hiuæt
說文解字:	《走部》越：度也。从走戉聲。
宋本廣韻:	《廣韻·入聲·月·越》越：墜也，干也，於也，遠也，走也，逾也，曰也，虜三字姓後秦録有北梁州刺史越質詰歸。王伐切，十六。 《廣韻·入聲·末·活》越：鄭玄云瑟下孔又云翦蒲爲席又音粤或作趏。

卍有關第十住菩薩「顏ㄢˊ 或 ㄚˊ 」不同的讀音問題

漢典 條目 顏

基本解釋 詳細解釋 國語辭典 康熙字典

姓。顓帝元孫陸終第五子曰安，安裔孫挾，周武王時封之於郳，為魯附庸。郳挾之後，至於夷父，字顏，《公羊》謂之顏公，子孫因以為氏。」

●顏

yá ㄧㄚˊ 《集韻》宜佳切，平佳疑。

◎ 通「崖」。水邊；山邊。《集韻•佳韻》：「厓，《説文》：『山邊也。』或作崖、顏。」

卍有關第十住「**灌頂位**」的梵文轉譯例證

abhi-Sū abhiṣuvati(1). → Sū 1, 2.
abhi-ṣeka 男 灌水; 即位; 灌頂用の水; 水垢離; 漢譯 澡浴; 灌頂, 灌(其)頂, 灌灑(其)頂; 受位, 受職 *Lal-v., Divy., Gaṇḍ-vy., Sukh-vy. I., Laṅk., Mañj-m., Sūtr., Bodh-bh., Mvyut.*: sarva-buddha-pāṇy: ～abhiṣikta 一切諸佛手灌其頂 *Laṅk. 1.*
abhi-ṣekatā 女 漢譯 灌(其)頂, 受職 *Laṅk.*
abhiṣeka-bhūmi 女 漢譯 灌頂地 *Gaṇḍ-vy.*
abhiṣekabhūmi-pratilambha 男 灌頂位(王位)を獲ること (*Sukh-vy. I.*).
abhiṣeka-sthita 形 漢譯 策立 太子.
abhiṣekâvasthā 女 漢譯 灌頂位 *Madhy-vibh.*
abhi-ṣektavya 未受分 灌頂せらるべき.
abhi-ṣekya 未受分 灌頂と決定せる, 灌頂せらるべき.
abhi-ṣecana 中 灌頂; 即位.
abhi-ṣecanī 女 漢譯 灌頂, 具灌頂 *Mvyut.*
abhi-ṣecanīya 未受分 灌頂せらるべき, 灌頂に屬する(器物等). 男 灌頂; 即位の式.

卍支謙居士將第十住「**灌頂**」翻成「**補處**」的梵文推測解答

(1)所有研究「**補處**」這二個字，都將之歸於「**一生補處**」的意思，「**一生補處**」常指向菩薩階位的最高位「**等覺**」菩薩，所以一般皆稱彌勒菩薩即為「**一生補處**」菩薩。

(2)「**補處**」原意是指「最後之輪迴者」，謂經過「此生」，「來生」定可在世間「成佛」的意思，有時又只略稱為「**補處**」二個字。

(3)在唐・玄一集《無量壽經記》則對「**一生補處**」另有四種的定義解釋，如云：

> **言「一生補處」者，且約「穢土」**(的)**菩薩**(來說)**，有四種**(分類)**。**
>
> **一、「住定」**(住正定)**菩薩：謂修「相好」**(善)**業**(經)**「百劫」中**(的)**菩薩。**(已)**定離「四過失」**(據《瑜伽師地論・卷五十六》云：謂若是處煩惱，能生四種過失，是有漏義。何等名爲四種過失？一、不寂靜過失。二、內外變異過失。三、發起惡行過失。四、攝受因過失)**，得「二果報」，**(已)**住**(於)**此「定」位，故言「住定」**(住正定菩薩)**也。**

二、(接)**近「佛地」**(的)**菩薩：若「通說」者，亦是「位定」也。若**(作)**「別說」者，「知足天」**(兜率天)**以**(降)**落**(人生的最後)**「一生」是也**(例如彌勒菩薩乃由「兜率天」降至「人間」下生而成佛，所以彌勒菩薩即是名爲「一生補處」菩薩)。

三、一生補處菩薩：「知足天」(兜率天)**菩薩，受此「天」**(之最後)**一生已，**(即)**能補**(位於)**「佛處」**(佛陀果位之處)**故。**

四、「最後生」(之)**菩薩：謂**(於來生將作)**「成佛」之身。**

若約「淨土」者，(則仍)**未見**(比較精準的)**「成文」**(證據)**，然**(窺)**基法師云：淨土**(中的)**觀音菩薩，雖**(也是)**「一生補處」，而不**(處)**在**(於兜率)**「天」**(的菩薩)**，**(此又)**不同**(於)**「穢土」**(之說)**。**

(4)若以「**一生補處**」的梵文則作：eka-jāti- pratibaddha

一　生　補處;所繫

在唐．慧琳的《一切經音義》中也認為「**阿惟顏**」即是「**一生補處**」菩薩，如下圖所示：

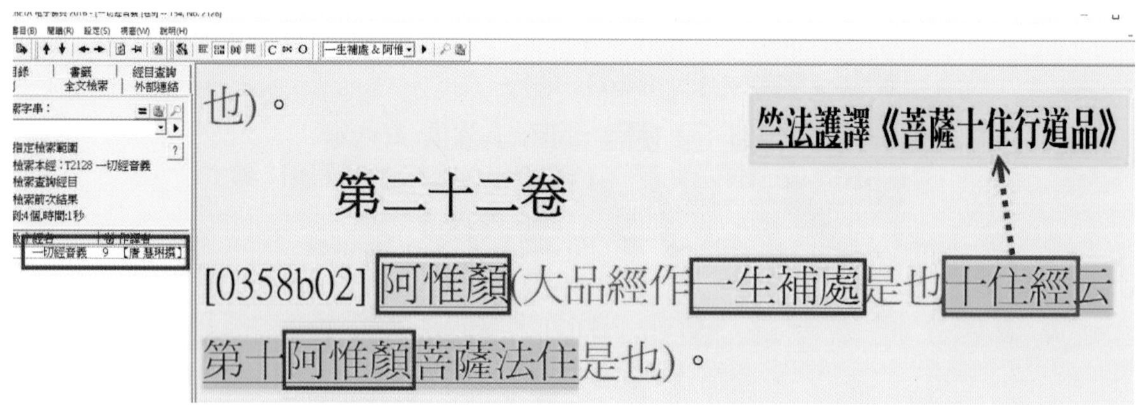

(5)若從「**一生補處**」的「義譯」與「梵文音譯」(eka-jāti- pratibaddha)來看，與將「**阿惟顏**」(灌頂)菩薩等同是「**一生補處**」，都差之甚遠。為什麼呢？因為「灌頂住菩薩」只是「十住菩薩」的第十位而已，距離「**一生補處**」；來生「候補佛位」的「菩薩境界」，仍相差太遠！所以支謙翻譯的「**補處**」二個字應不能作「**一生補處**」去解釋的；除非比照「小乘把四果羅果就等同佛果境界」的理論去套用，那「十住菩薩」就會被詮譯成為如同「**一生補處**」菩薩的相同「境界」了。

(6)漢字中的「**顏**」，可讀成ㄧㄢˊ 與ㄧㄚˊ 兩種，如果讀成ㄧㄚˊ 音，那「**阿惟顏**」最接近的「梵文」還原應作：

阿惟　　　**顏**ㄧㄚˊ (古通「崖」)

abhi-ṣecanīya

灌頂;即位儀式

(7)另一個「**阿惟顏**ᵓ」的最接近的「梵文」則是 abhi-ṣyandana，指「善補」的意思，有沒有可能是這個「**善補**」字義，後來支謙就譯成了「補處」二個字，而「後人」看到「補處」二字又全部導歸成「一生補處」的菩薩？以上只是推測，所以還要留待「後人」繼續去努力破解吧！如下圖荻原雲來編**《梵和大辭典》**資料所示：

abhi-ṣecanīya (未受分) 灌頂せらるべき，灌頂に屬す). 男 灌頂；卽位の式.

阿惟顏

…na 中 (—°)に對する征討又は進軍.

abhiṣeṇaya (名動) 他 (薬)を攻略す，に對して進軍す

abhi-ṣotṛ 男 Soma 汁を搾る人(又は祭官).

abhi-ṣṭava 男 稱讚，賞與.

abhi-ṣṭi 形 優れたる，戰勝の. 女 優位；助力，保護. 男 助手，保護者 [一般には *Indra* 神を稱す].

abhiṣṭi-śavas 形 有力なる援助を與ふる.

abhi-Ṣṭu abhiṣṭauti, abhiṣṭāvate, abhiṣṭuvati. → Stu I.

abhi-ṣṭuta (過受分) → Stu I. 漢譯 歎，歌詠讚歎，敬心讚歎 *Saddh-p., Gaṇḍ-vy.*

abhi-Ṣṭhā abhitiṣṭhati. → Sthā.

abhi-Ṣyand abhiṣyandate, abhiṣyandayati(使役). → Syad.

abhi-ṣyanda 阿惟顏 過剩，擴大；眼緣の爛るゝ病，眼炎；分泌.

abhi-ṣyandana 中 漢譯 修，潤，善補 *Gaṇḍ-vy.*: sarva-jagan-mahākaruṇā〜tā 以廣大悲潤衆生 *Gaṇḍ-vy.* 294.

十六－5「初發意」菩薩(初住位)於最初見佛，應生起「十種功德」，應修學佛所具的「十力」之智

吳‧ 支謙譯 《佛說菩薩本業經》	西晉‧ 竺法護譯 《菩薩十住行道品》	東晉‧ 祇多蜜譯 《佛說菩薩十住經》	東晉‧ 佛馱跋陀羅譯 六十《華嚴經‧菩薩十住品》	唐‧ 實叉難陀譯 八十《華嚴經‧十住品》
㊀ (法意菩薩言：) 何謂(為菩薩之最初)「發意」？	㊀ (法慧菩薩言：) 一、何等為(第一)「波藍耆兜波」菩薩法住者？ (prathama-cittotpādika 初發意)	㊀ (佛言：) 一、住(第一)「波藍質兜波」菩薩法住。 (prathama-cittotpādika 初發意)	㊀ (法慧菩薩言：) 諸佛子！何等是菩薩摩訶薩(第一之)「初發心住」？	㊀ (法慧菩薩言：) 佛子！云何為菩薩(第一之)「發心住」？
㊁(第一「初發心」)菩薩法住，有十(法)事(的修學)，謂(於最)初見佛，(有)「十功德」(生)起：	㊁	㊁佛言：	㊁	㊁
一、見佛端正(無比，具三十二相，八十種好)。	❶(第一「發心住」菩薩於)上頭見佛「端政」(政古通「正」)無比，視(佛)面色(而)無有厭時。	❶(第一「發心住」菩薩於)上頭(能得)見佛「端正」無比，視(佛)面色(而)無有厭。	❶此(第一「發心住」)菩薩，(能)見佛三十二相、八十種好。	❶此(第一「發心住」)菩薩，(能得)見佛世尊，形貌端嚴。
二、(如來)身色相具(足圓滿)。	❷(如來身色皆)無有及逮者。	❷(如來身色皆)無有逮(及)者。	❷(如來)妙色具足，尊重難遇。	❷(如來)色相圓滿，人所樂見，難可值

				遇。
	❸(如來具)尊貴，無有能(超)過者。	❸(如來具)尊貴，無有能(超)過者。		❸(如來具)有大「威力」。
三、(如來具)「神足」(神通具足)現化。	❹(如來神足能)飛無有能(越)過者。		❸或(能)覩(如來之)神變(此喻「身輪」)。	❹或(能)見(如來之)神足(神通具足)。
四、(如來之)道德深奧。			❹或(能)聞(如來之)說法。	❺或(能)聞(如來授眾生之)「記別」。
	❺(如來)所教授(法)，無有能(越)過者。	❹(如來)所教授(法)，無有能踰(越)者。	❺或(能)聽(如來之)教誡(此喻「口輪」)。	❻或(能)聽(如來之)教誡(此喻「口輪」)。
五、(如來之)「儀法」(威儀法度)無比。	❻(以上)是(爲第一「發心住」)菩薩(能得)見佛(之種種)威神「儀法」(威儀法度)如是。	❺(以上是爲第一「發心住」菩薩能得)見佛(之種種)威神「儀法」(威儀法度)如是。		
六、(如來)謂(能善)知人意(知道眾生正在受無量諸苦中)。	❼(才)使(眾生)稍入佛道中，(如來即能立刻)轉(化)開導之。	❻(才)便(令眾生)稍稍入佛道中，(如來即能馬上)轉(化)開導之。	❻或見(有)衆生(正在)受無量苦。	❼或見(有)衆生(正在)受諸劇苦。
七、(如來所)出(之)經教(皆能令眾生快速)明	❽(如來)皆(能)隨其(眾生)意(而)教(授)度	❼(如來)皆(能)隨其(眾生)意(而)教(授)度	❼(眾生)或(能得)聞如來廣說(之)「佛法」。	❽(眾生)或(能得)聞如來廣大(之)「佛法」。

(曉)。	(脫之)。	脫之。		
八、(如來)所言(皆合)「諦解」(真諦解脫)。				
九、(第一「初發心住」菩薩既得)見(眾生之)生死苦。	❾(第一「初發心住」菩薩)既見勤苦(眾生)者，(故)皆(生憐)愍(悲)傷(心)。	❾(第一「初發心住」菩薩既)見勤苦(眾生者)，(故)皆(生憐)愍(悲)傷之。	❽(第一「初發心住」菩薩因此便)發「菩提心」。	❾(第一「初發心住」菩薩因此便)發「菩提心」。
			❾(因此更發心要追)求(如來所具的)「一切智」(此應指「一切種智」)。	❿(因此更發心要追)求(如來所具的)「一切智」(此應指「一切種智」)。
十、(第一「初發心住」菩薩便能)體樂(體悟與願樂於)佛法，(才)稍稍開解(佛法)，便(馬上)發(起)「道意」。	❿(第一「初發心住」菩薩才)稍稍近曉「佛語」，(即生)信(而一心專)向之。	❿(第一「初發心住」菩薩才)稍稍解曉「佛語」，(即生)信(而一心專)向之。	❿(第一「初發心住」菩薩能)一向(一心專向修道而)不(退)迴。	
	㊂(此爲第一)「新發起意」學佛道(之菩薩)，悉欲得了「佛智」(之)「十難」處(此處指如來所具的「十力智」)，悉欲逮	㊂(此爲第一)「新發起意」學佛道(之菩薩)，(亦)悉欲得了知「佛智」(之)「十難」處(此處指如來所具的「十力	㊂此(爲)菩薩因「初發心」(而能)得(如來所具的)「十力(智)」分。	㊂此(爲第一「發心住」)菩薩(欲)緣(如來所具的)十種「難得法」(之「十力智」)而發(起)於(初)心。

	得知之。	智」)，悉欲逮(及)得之。		
	㊃何等為(如來所具)「十難」處(之)十種力？	㊃何等為「十難」(之)處(此處指如來所具的「十力智」)？	㊃何等為十(種佛所具的「十力之智」)？所謂：	㊃何者為十(種佛所具的「十力之智」)？所謂：
	(底下似乎是缺經文？)	(底下似乎是缺經文？)	1(能知)是處(道理)、非處(之)智。	1(能知)是處、非處(之)智。
			2(能知眾生)業報(之)垢(與)淨智。	2(能知眾生)善惡業報(之)智。
			3(能知眾生)諸根(器之)智。	3(能知眾生)諸根(器)勝、劣(之)智。
			4(能知眾生種種差別的)欲樂(adhimukti 信樂;信解;欲樂;性欲;根性欲樂;信心;根性信解)智。	4(能知眾生)種種(欲樂之)解(的)差別智。
			5(能知眾生種種界)性(dhātu 根性;界;大;性;種性;舍利)智。	5(能知眾生)種種界(dhātu 根性;界;大;性;種性;舍利)差別智。
			6一切(皆能)至處道(之)智。	6一切(皆能)至處道(之)智。
			7(能知)一切禪定解脫，三昧正受，垢(與)淨起(之)	7(能知)諸禪解脫三昧(之)智。

			智。 8(能知)宿命無礙(之)智。 9(以)天眼(知眾生「生死諸事」而)無礙(之)智。 10(獲得)三世「漏盡」(之)智。	8(能知)宿命無礙(之)智。 9(以)天眼(知眾生「生死諸事」而)無礙(之)智。 10(獲得)三世「漏普盡」(之)智。
		佛(有)「十種力」是也。	是為十。	是為十。

北宋‧中印度僧法天(?~1001)譯《大方廣總持寶光明經‧卷一》云：

佛子！云何彼菩薩(第一)「發心住」？謂：
❶此(第一「初發心住」)菩薩得「覩」諸佛世尊，色相巍巍。
❷(諸佛法相)殊特、妙好。
❸(諸佛之神變具)廣大無比。
❹(諸佛之)說法(具)廣大(無比)。
❺(諸佛度)化眾生(具)廣大(無比)。

❻(以上是第一「初發心住」菩薩)見(諸佛有)如是等廣大(之)「變現」。
❼又聞(諸佛之)「廣大法」故，得未曾有。
❽復(得)見(有)如是「苦惱」(之)眾生。
❾是故(第一「初發心住」)菩薩(便)發「阿耨多羅三藐三菩提心」。
❿(第一「初發心住」菩薩即)為(追)求如來(所具之)「一切智(此應指「一切種智」)、一切相智」。
是故名為(第一)「初發心住」(菩薩)。

又(第一「初發心住」菩薩欲修)學如是(佛之)十力(智)，何等為十？謂：
一、「處、非處」智力，
二、過、現、未來「福業報」智力。
三、「禪定、解脫、三昧」智力。
四、至一切處「道」智力。
五、無數種種「界」智力。
六、無數種種「勝解」智力。
七、「根勝劣」智力。
八、「宿住憶念」智力。
九、「天眼」智力。

十、「無漏」智力。

卍關於如來「**十力之智**」義

如來具有「十力」之智，但於諸經中說此「十力」的「順序」皆「不一」，但內容都是一樣的。

佛陀具有「十力之智」詳解--**2023** 年果濱講於二楞講堂
https://drive.google.com/file/d/1bVVMYEaTJblfDfFl4mYrUeoLNOssomV-/view?usp=sharing

如來所具的第一力：

sthānā-sthāna-jñāna-bala

sthāna+asthāna-jñāna-bala
處　　　非處　　智　　力
處、非處(之)**智力**。
知是處、非處(之)**智力**。
是處、不是(處之智)**力**。
是處、非處(之智)**力**。

sthāna 中 種：立つこと（Br. でも）；持続，滞在；（財物の）貯蔵；（軍隊の）堅実さまたは固守；連続した存在；中間的状態，（対 利得または損失）；（於，—°）にまたはの上にあること；状態，条件（U. でも；—° 形の状態にある）；完全な寂静（まれ）；地位，身分，階級（普通の意味）；因，種：住居，住所，場所，地点，地方，敷地（普通の意味）；種：代り，場所（属，—° の代りに：於）；（属，—°）の容器；正しいまたは適当な場所；（ある神の）世界・領域（地，空，天）；要塞（まれ）；（音声が発せられる）場所，（発声）器官（のど，口蓋，歯，唇等）（文法）；声の調子，（音の）高さ（高い，大声の，等）；（王国の）構成要素（軍隊，国庫，首都，領土等）；事件，出来事；（属，—°）のまたはのための機会；（属，—°）の原因または対象（人についても言われる）；論題；—° 形 の代りをする，を代表する；によって取ってかわられたまたは代表された；漢訳 住 *Bodh-bh.*, *Madhy-v.*, *Madhy-vibh.*, *Mvyut.*, *Rāṣṭr.*, *Saddh-p.*, *Sapt-pr.*, *Śikṣ.*, 梵千；令住 *Madhy-vibh.*；座 *Lal-v.*；具 *Bodh-bh.*；事 *Abh-vy.*, *Mvyut.*；所 *Laṅk.*, *Mvyut.*；処 *Abh-vy.*, *Aṣṭ-pr.*, *Bodh-bh.*, *Gaṇḍ-vy.*, *Laṅk.*, *Mvyut.*, *Ratna-ut.*, *Saddh-p.*, *Sapt-pr.*, *Sūtr.*, *Vajr-s.*, *Vijñ-t.*, 梵千，梵雑；法 *Ratna-ut.*；義，義処 *Aṣṭ-pr.*；職 梵千；明，地 *Mvyut.*；気住 *Mvyut.*；能住 *Bodh-bh.*；住処 *Ratna-ut.*；処住 *Ratna-ut.*, *Sam-r.*；所在 *Saddh-p.*；勝事 *Bodh-bh.*；根本 *Ratna-*

sthānâsthāna 漢訳 処非処 *Bodh-bh.*, *Madhy-vibh.*；是処非処 *Bodh-bh.*

sthānāsthāna-jñāna-bala 漢訳 是非智力 *Sūrt.*；処非処智力 *Bodh-bh.*；知是所非所力 *Mvyut.*；知是処非処力 *Bodh-bh.*, *Moyut.*

➔(1)「處」指「道理、義理所在之處、道理之處」。

(2)如來於一切眾生三世「因緣果報」的「道理」都能如實而知。若作「善業」，即知定得「樂報」，此即稱為「知是處」；若作惡業，仍然會受「樂報」的話，則此乃為「無有是處」，即稱為「知非處」。

(3)能知眾生三世因果之「真實義」，即可名為「處」，凡「我、人、眾生」等之「我執自性相」，則亦名為「非處」。

(4)又例如諸佛如來所證得的「實報莊嚴土」，此亦可稱為「是處」，而此時的「其它十法界」則可稱為「非是處」。

如來所具的第二力：

karma- vipāka -jñāna-bala
業 異熟;果報;成熟 智 力

vi-pāka 形 熟した(RV. 用例一回のみ). 男 (團) 熟すること；(行為の果実が)成熟すること，結果；消化；不運，不幸(まれ)：°—，=後に；漢譯 報，果，果報，有報，成熟，異熟，淳熟，異熟果，果異熟 *Abh-vy., Aṣṭ-pr., Bodh-bh., Daś-bh., Divy., Gaṇḍ-vy., Lal-v., Laṅk., Madhy-bh., Madhy-vibh., Rāṣṭr., Ratnaut., Saddha-p., Śikṣ., Sukh-vy. I., Sūtr., Suvik-pr., Vajr-pr., Vijñ-t.,* 梵千.: asti kramâsti ～ḥ 有業有報 *Sūtr.*; ～ena… arthī bhavati 求果報 *Sūtr.*

karma-vipāka 男 =karma-pāka；漢譯 業果，業報，業異熟，諸業果報 *Lal-v., Gaṇḍ-vy., Sam-r., Śikṣ., Mvyut.*

karma-vipāka-jñāna-bala 中 漢譯 [如來十力の一] 自業智力，知業報力，業異熟智力 *Dharm-s., Mvyut.*

業異熟(之)智力。
知業報(之)智力。
知三世業(之)智力。
業報集(之)智力。
業力。
➔如來於一切眾生三世的「業緣、業力、因緣果報」，皆能善觀察其「平等」之義，亦悉能遍知。

如來所具的第三力：

indriya- parāpara -jñāna-bala
根 勝劣;利鈍;上下 智 力

parâpara 1. 中 遠近；前後(原因と結果)；高低；善悪；漢訳 上下 勝劣, 利鈍, 彼此 *Abh-vy., Bodh-bh., Laṅk., Mvyut.*

indriya-parâpara-jñāna-bala 中 漢譯 [如來十力の一] 根勝劣智力, 知諸根利鈍力, 諸根利鈍智力, 根上下智力, 知他衆生諸根上下力, 根智力 *Bodh-bh., Mvyut.*

根上下(之)智力。
知諸根勝劣(之)智力。
知眾生上下根(之)智力。
根力。

➔如來於諸眾生「根性」的勝劣、利鈍、上下、大小，以及種種「勤修精進力」，皆能究竟的如實遍知。

如來所具的第四力：

nānādhi-mukti-jñāna-bala

nānā+ adhimukti -jñāna-bala
種種 信樂;信解;欲樂 智 力

nānā 副 さまざまに，種々に，異った場所に，別々に；しばしば 形 (とくに —°) と異った，さまざまの，多種の；漢訳 種種，種種異，異，諸 *Aṣṭ-pr., Madhy-v., Mvyut., Sūtr.*

adhi-mukti 女 傾向，嗜好；信頼，確信；漢譯 信，解，信解，信受，明信，信心，深信，篤信，勝解，心解，解心，明解，欲解，悟解，決定解，勝解智；了達，相了；欲，思，意，樂，信樂，志樂，心樂，欲樂，欲性，性欲，知欲樂 *Daś-bh., Aṣṭ-pr., Saddh-p., Lal-v., Sam-r., Gaṇḍ-vy., Sūtr., Laṅk., Bodh-bh., Abh-vy., Śikṣ., Mvyut.*；假想 *Abh-vy.*；解脱 *Saddh-p., Gaṇḍ-vy.*

nānādhimukti-jñāna-bala (°nā-adh°) 中 漢訳 [如來十力の一]，種種勝解智力，知諸衆生解力，種種解智力，信解智力 *Bodh-bh., Dharm-s., Mvyut.*

種種勝解(之)智力。
知種種解(之)智力。
知眾生種種欲(之)智力。
欲**力**。
➔如來於眾生種種不同的「信樂、信解、信心、勝解、根性欲樂」，皆能如實遍知。

如來所具的第五力：

nānā- dhātu -jñāna-bala
種種 根性;界;大;性;種性 智 力

nānā 副 さまざまに，種々に，異った場所に，別々に；しばしば 形 (とくに 一°) と異った，さまざまの，多種の；漢訳 種種，種種異，異，諸 *Aṣṭ-pr.*, *Madhy-v.*, *Mvyut.*, *Sūtr.*

dhātu 1. 男 層；(一° 形) 成分；要素 (＝mahā-bhūta, 通常 kha または ākāśa, anila, tejas, jala, bhū を指す)；身体の根本要素 (七をとる場合は栄養液，血液，肉，脂肪，骨，髄，精子；五の場合は耳，鼻，口，心臓に，腹を加える；三の場合は doṣa に等しく風，胆汁，粘液を指す)；時に三徳 (guṇa) を指す事もある；仏教 界；地または山の要素：鉱物，金属(とくに赤色の鉱物)；語根，動詞の根；漢訳 界，身界，世界，大，根，性，根性，種性，種，言根，舍利 *Abh-vy.*, *Aṣṭ-pr.*, *Bodh-bh.*, *Buddh-c.*, *Daś-bh.*,

nānā-dhātu-jñāna-bala 中 漢訳 〔如来十力の一〕種種界智力，知衆生界力，種種諸界智力，界性智力 *Bodh-bh.*, *Dharm-s.*, *Mvyut.*

種種界(之)智力。
性(之)**力**。
知性(之)智力。

➔如來於眾生種種不同的「根、界、性、界性、種性」，皆能如實遍知。

如來所具的第六力：

sarvatra -gāminī -pratipaj -jñāna-bala
一切;遍 行;趣向;令入;到 行;道;所行道 智 力

sarva-tra 副 すべての点において，すべての場合に，常に(ときとして api, sarvadāという語によって強められる)；＝sarvaの 㗊；＋**na**，如何なる場合にも…ではない；決して……ではない 等；漢譯 恒 *Laṅk.*；皆 *Abh-vy.*；遍 *Abh-vy.*, *Gaṇḍ-vy.*, *Nyāy-pr.*；一切 *Bodh-bh.*, *Ratna-ut.*；一切時処 *Bodh-bh.*；一切所 *Aṣṭ-pr.*；一切処 *Bodh-bh.*, *Daś-bh.*, *Gaṇḍ-vy.*, *Ratna-ut.*, *Śikṣ.*；一切時 *Laṅk.*；遍一切処 *Daś-bh.*；於一切処 *Śikṣ.*；諸処，於一切，一切中 *Abh-vy.*；無量境界 *Ratna-ut.*

gāmin 形 (副, prati, 累)に行く；[一般に ——°] (‥‥に於て，‥‥に向ひて，‥‥の如く)行く·動く或は歩む；‥‥と性交する；‥‥に達する或は擴がる；‥‥に歸する；‥‥に相應する，‥‥に適合する；得る，達成する；‥‥に向けられたる；‥‥に關係する；漢譯 行，步，行步，步行；向，趣向；趣，往趣，能趣，能往趣；渡，到，通達；令入；去；隨，順；墮；知，證 *Divy.*, *Lal-v.*, *Gaṇḍ-vy.*, *Rāṣṭr.*, *Laṅk.*, *Bodh-bh.*, *Mvyut.* → āśugāmitva, duḥkha-nirodha〜, pāra〜.

prati-pad 女 入ること，接近；始め；冒頭の偈，序詩節；[半月(白月または黒月)のまたはとくに上半月(白月)の]最初の日；(…に対する)嗜好 (*Jāt-m.*)；漢譯 行，正行，通行，現行，行迹，行跡；道，道跡，所行道 通；法；順 *Abh-vy.*, *Aṣṭ-pr.*, *Bodh-bh.*, *Laṅk.*, *Mvyut.*: yayā yayā 〜ā 行如是道，因所行道 *Aṣṭ-pr. 564.*；catasraḥ 〜aḥ 四行 [1. duḥkhā 〜dhandhâbhijñā 苦遲通行，2. sukhā 〜dhandhâbhijñā 楽遲通行，3. duḥkhā 〜t kṣiprâbhijñā 苦速通行，4. sukhā 〜t kṣiprâbhijñā 楽速通行] *Mvyut.*

sarvatra-gāmini-pratipaj-jñāna-bala 中 漢譯 遍趣行智力 *Bodh-bh.*；知一切道智相力 *Mvyut.*

遍趣行(之)智力。
知一切至處道(之)智力。
至處道(之智)力。

➔如來於「六道有漏諸行」的所至之處、或「涅槃無漏諸行」的所至之處，皆能如實遍知。

如來所具的第七力：

dhyāna-vimokṣa-samādhi-samāpatti -jñāna-bala
禪定 解脫 三昧 等至;正定現前 智 力

dhyāna 中 静慮；宗教的瞑想；漢訳 定，思惟，静慮，修定；音写 禅，禅那；禅定；禅思，*Abh-vy.*, *Aṣṭ-pr.*, *Bodh-bh.*, *Dharm-s.*, *Divy.*, *Gaṇḍ-vy.*, *Laṅk.*, *Madhy-vibh.*, *Mañj-m.*, *Mvyut.*, *Rāṣṭr.*, *Saddh-p.*, *Sapt-pr.*, *Śikṣ.*, *Sūtr.*, 梵千.: aprathama-dhyāna 初禅 *Aṣṭ-pr.*, *Abh-vy.* **~m ā-Pad, ā-Sthā** または **~ṃ Gam**, 瞑想に入る.

vi-mokṣa 男 ゆるむこと，ほどけること；(圀, —•)からの解放または救助；(魂の)救済，解脱；(盗人を)釈放すること；放棄；(涙を)流すこと；(富を)与えること；(矢を)放つこと；漢訳 解，解脱 *Abh-vy.*, *Aṣṭ-pr.*, *Bodh-bh.*, *Gaṇḍ-vy.*, *Laṅk.*, *Rāṣṭr.*, *Ratna-ut.*, *Saddh-p.*, *Sam-r.*, *Sāṃkhy-k.*, *Śikṣ.*, *Sūtr.*: duḥkha ~ 苦解脱 *Bodh-bh.*;tri ~mukha

sam-ādhi 男 (圓，と) 組みあわせることまたは結合させること；(首の) 関節；結合，組みあわせ，連合；実行；調整，決定，解決；(陳述の) 正当化，釈明；論証；(囫) に注意すること，(—•(に熱中していること；(最高我への) 深い瞑想，深い専心 (普通の意味)；[種々の修辞法の名]；漢訳 定 *Abh-vy.*, *Aṣṭ-pr.*, *Bodh-bh.*, *Divy.*, *Lal-v.*, *Madhy-vibh.*,

sam-āpatti 女 遭遇すること, 会うこと ; 偶然のできごと, 不意, 偶然 (•—) ; (—•) の達成またはになること ; 漢訳 定 *Abh-vy.*, *Bodh-bh.*, *Laṅk.*, *Mvyut.* ; 受 *Laṅk.* ; 禅 *Mvyut.* ; 等至 *Aṣṭ-pr.*, *Bodh-bh.*, *Gaṇḍ-vy.*, *Mvyut* ; 正受 *Bodh-bh.*, *Laṅk.* ; 正定 *Bodh-bh.* ; 禅定 *Laṅk.* ; 三昧 *Laṅk.*, *Ratna-ut.*, *Sam-r.* ; 平等 *Mvyut.* ; 相続 *Gaṇḍ-vy.* ; 入定, 入観 *Abh-vy.* ; 交会, 交婚 *Vijñ-v.* ; 正具足 *Sam-r.* ; 寂滅定 *Aṣṭ-pr.* ; 音写 三摩跋提 *Laṅk.* ; 三摩鉢底 *Mvyut.*

dhyāna-vimokṣa-samādhi-samāpatti-jñāna-bala 中 漢訳 [如来十力の一]静慮解脱等持等至智力 ; (音写) 知諸禅定解脱力, 具知禅定解脱三昧三摩跋提, 禅解脱三昧正受智力, 禅定智力, 定智力 *Bodh-bh.*, *Sūtr.*

靜慮、解脫、等持、等至(之)**智力**。
靜慮、解脫、等持、等至、發起雜染清淨(之)**智力**。
知諸禪、解脫、三昧(之)**智力**。
禪定、解脫、三昧、淨垢分別(之)**智力**。
定力。
➔如來已於諸「禪定、解脫、三昧、等至」已獲自在無礙，亦能善分別其「雜染、清淨」所生之因，皆能如實遍知。

如來所具的第八力：

pūrva-nivāsānusmṛti-jñāna-bala

pūrva-nivāsa+anusmṛti -jñāna-bala
宿世 住 心念;隨念 智 力

pūrva 形 前に在る，前の；前面の，東の；(從) の東に在る；先行する；先の，以前の；(從，一°) より以前の；昔の，伝統の，往時の；(系列の中の)第一の；最も低い(科料)；あらかじめまたは初めに述べられたまたは挙げられた；[きわめて通常 過受分 の後に附して] あらかじめまたは前に [例 dṛṣṭa～ 前に見られた]；一° 形 …を先行する事物としてもつ=…に先行された，…に伴われた，…に基づいた；漢訳 前，先，在先；先発，先来，従先来；先時，先世，昔，古昔，往昔，宿，宿世，過去，曾，夙，旧；初，始，本，元宗，源宗 *Abh-vy.*, *Aṣṭ-pr.*, *Bodh-bh.*, *Buddh-c.*,

ni-vāsa 2. 男 止住，夜を過すこと，滞在；(夜の) 宿営，住所，居所；漢訳 住，居，(共)住 *Abh-vy.*, *Mvyut.*, *Rāṣṭr.*, *Śikṣ.*

anu-smṛti 女 追憶，回想；思想，意向；漢訳 念，心念，正念，憶念，隨念 *Saddh-p.*, *Gaṇḍ-vy.*, *Sūtr.*, *Śikṣ.*, *Sam-r.*, *Bodh-bh.*, *Mvyut.*: ṣaḍ～ayaḥ 六念，六隨念 *Dharm-s.*, *Mvyut.* [1. buddha～ḥ 念佛，2. dharma～ḥ 念法，3. saṅgha～ḥ 念僧，4. śīla～ḥ 念戒，5. tyāga～ḥ 念捨，6. devatā～ḥ 念天] *Mvyut.* → buddha～.

宿住、隨念(之)智力。
知宿命、無漏(之)智力。
宿命(之)**智力。**
宿命(之智)**力。**
➔如來於眾生過去「宿命所住之諸事」，從一世乃至百千萬世，從一劫乃至百千萬劫，有關其「體性」與其「姓名、飲食、苦樂、壽命」等「諸相」，皆能「隨念」而如實遍知。

如來所具的第九力：

cyuty-upapatti-jñāna-bala
死生;生死　智　力

cyuty-upapatti 女 漢譯 死生, 生死, 生滅 *Gaṇḍ-vy.*, *Bodh-bh.*
cyutyupapatti-jñāna-bala 中 漢譯 [如來十力の一] 死生智力; 生死智力; 天眼力, 天眼智力, 知天眼力, 得天眼能觀一切力 *Bodh-bh.*, *Mvyut.*

死生(之)智力。
知天眼無礙(之)智力。
宿住生死(之)智力。
天眼(智)力。
➔如來能以「天眼」而如實了知眾生「隨業流轉」於「五趣輪迴」事，乃至眾生於「未來」將獲得的「善惡、美醜、貧富」等複雜因緣，皆能如實遍知。

如來所具的第十力：

āsrava-kṣaya-jñāna-bala
漏　　盡　　智　力

ā-srava 男 水門; 流出するもの; 木よりの搾取液, 木又は花の分泌液より作れる酒(の一種); [*Pāli.* āsava] 心を擾す特殊の想念, 苦惱 (=kleśa 佛教); 漢譯 漏, 流 *Kāśy.*, *Sapt-pr.*, *Abh-vy.*, *Bodh-bh.*, *Mvyut.*; 愛欲 *Kāśy.* → an〜.
āsrava-kṣaya 男 漢譯 漏盡, 盡漏 *Aṣṭ-pr.*, *Bodh-bh.*
āsravakṣaya-jñāna 中 漢譯 漏盡智 *Mvyut.*
āsravakṣayajñāna-bala 中 漢譯 漏盡智力 *Bodh-bh.*

kṣaya 2. 男 減少; 價値低減; 衰微, 喪失, 破壞; 終末; 肺疾; 要 [「行く」の意味の動詞と倶に 即ち 〜**ṃ Gam,** 〜**ṃ Yā,** 〜**m I,** 〜**m upa-I**] 滅ず, 終る, 失ふ, 滅す, 死す; 漢譯 盡, 竭盡, 滅盡; 滅, 滅除, 磨滅, 減滅; 斷; 竭; 失; 離, 銷散 *Divy.*, *Lal-v.*, *Buddh-c.*, *Aṣṭ-pr.*, *Saddh-p.*, *Laṅk.*, *Śikṣ.*, *Bodh-bh.*, *Sūtr.*, *Abh-vy.*, *Madhy-v.*, *Sāṃkhy-k.*, *Bodh-c.*, *Mvyut.* → a〜, āya〜.

漏盡(之)智力。
知永斷習氣(之)智力。
結盡(之智)力。
漏盡(之智)力。

➔如來已於一切世間之「餘煩惱、餘習氣」永遠「滅盡」而不生，能如實遍知。

《楞嚴經・卷八》五十五位真菩提路➔初住位；發心住(生於佛家，而爲佛子)

《楞嚴經》原文	白話
①發心住	
阿難！是「善男子」(指已獲「十信位」圓滿之善男子)**以「真方便」**(指「三種增進修行漸次」及「乾慧地」)**發此「十心」**(「十信位」十心之妙用)**。**	阿難！像這位已獲「十信位」圓滿之善男子，他主要是以前面的「三種增進修行漸次」及「乾慧地」來作為真實方便之修法(如明・憨山 德清《楞嚴經通議・卷八》云：以『二漸次』及『乾慧地』爲『眞方便』爲入。如明・鍾惺《楞嚴經如說・卷八》云：以「三漸次」爲「眞方便」。又如清・通理《楞嚴經指掌疏・卷八》云：「眞方便」，即指「耳根圓通」……圓成一心，一心即「菩提心」也)，如此便能開發此「十信位」十心之妙用。
心精(純精眞心)**發輝**(顯發輝耀)**，「十用」涉入**(十信位之妙用)**圓成**(圓滿成就)**一心**(一個菩提心)**，名「發心住」。**	當這位善男子的「純精真心」獲得「顯發輝耀」時，就能將前「十信位」的妙用運至「互相涉入」之境，最終能圓滿成就為一個「菩提心」，此時的境界就叫作「初住位」菩薩之「發心住」。

十六－6 初「發心住」菩薩(初住位)應再修習「遠離生死輪迴」與「願生生世世皆生於諸佛前」等十種法，進而讓自己的「菩提心」能更加轉勝堅固

吳・ 支謙譯 《佛說菩薩本業經》	西晉・ 竺法護譯 《菩薩十住行道品》	東晉・ 祇多蜜譯 《佛說菩薩十住經》	東晉・ 佛馱跋陀羅譯 六十《華嚴經・菩薩十住品》	唐・ 實叉難陀譯 八十《華嚴經・十住品》
壹	壹	壹	壹	壹

(法意菩薩言：) (若)欲曉了佛(所具的)「十力之智」(者)。 (第一「發心住」菩薩)其(修)學有(下面)十(法事)。	(法慧菩薩言：) (第一)「波藍耆兜波」(prathama-cittotpādika 初發意)菩薩教有十(法)事(應再修學，才能了知佛的「十力之智」)。	(佛言： 第一「初發意」菩薩有「十法事」應學，才能了知佛的「十力之智」。何等爲十法事？)	(法慧菩薩言：) 諸佛子！彼(第一「發心住」)菩薩應(再修)學「十法」(才能了知佛的「十力之智」)。	(法慧菩薩言：) 佛子！此(第一「發心住」)菩薩應(再)勸學「十法」(才能了知佛的「十力之智」)。
㊁	㊁何等為十(法)事？	㊁	㊁何等為十？所謂：	㊁何者為十？所謂：
❶(於一切時)當知禮事諸佛。	一者、(於一切時)當供養佛、諸菩薩。	一者、(於一切時)當供養佛。	❶(於一切時皆應修)學恭敬供養諸佛。	❶(於一切時皆應修學)勤供養佛。
❷當曉說(明曉宣說)菩薩(之)德。 ❽當諦了「生死」(之根)本。	二者、(應)隨其所樂，當教(其)語。	二者、當隨其所樂，(而)當教語之。	❷(應)讚歎諸「菩薩」(與)護衆生心。 (菩薩已脫生死，但又發願「入於生死、樂住於生死道」中救護眾生，故應讚歎菩薩之殊勝行)	❾(獲生死解脫後而)樂住(於)生死(行菩薩道)。 (既然是「初發心住」菩薩，絕無可能又要叫這種菩薩馬上修「樂住生死」的法門)
❸(於所生處皆)當願「修貴、治福」。	三者、(於)所生處皆(應修)「尊貴」。	三者、(於)所生處皆(應修)「尊貴」。	❸(應)親近(具)「賢明」(的善知識)。	❸(具賢明的善知識能)主導世間，令(眾生)除惡業。
❹當令(常)行勝(妙之法於)「三界」(中)。	四者、天上天下，一無有能及(如來)	四者、天上天下，無有能及(如來)者。	❹(應)讚(歎勝妙的)「不退法」。	❹(應)以勝妙法(而)常行教誨。

	者。			?(應讚)歎無上(妙)法。
❺當學諸佛(之)功德業。	五者、(於)佛所有(之)智，悉當逮得。	五者、(於)佛智慧，悉(應)逮得。	❺(應)修(學)佛功德。 ?(應)稱揚歎美(無上妙法)。	❺(應修)學佛功德。
❻當求(生生世世皆)更(得)見諸佛。	六者、(於)波羅(para 後；當來)世所生處，(當求)常見無央數(之)佛。	六者、(於)世世所生(之)處，(當求)得見無央數(之)佛。	❻(願生)生(世世皆生於)諸佛前。	❻(願世世皆)生(於)諸佛前，恒蒙(諸佛)攝受。
❼(應)當習行諸「深」三昧。	七者、所有(甚)深(之)「三昧」經(法)，悉當逮得。	七者、(於一切甚深之)「佛經」，悉逮得。	❼(應)方便修習「寂靜」三昧。	❼(能以種種)方便演說「寂靜」三昧。
	八者、(於)死生道(之)無邊幅處，(能乘願)以「來」。 九者、命既去(後)不久(還行菩薩道)。	八者、悉(能越)過度(脫)諸「生死」。 九者、(命)今脫去不久(還行菩薩道)。	❽(應)讚歎(能)遠離「生死輪迴」(的解脫法義)。	❽(應)讚歎(能)遠離「生死輪迴」(的解脫法義)。 (「初發心住」菩薩，必定要先修遠離生死輪迴的法門)
❿當悲(愍心)念諸「罪苦人」。	十者、若悉(發大願而)當度脫十方人。	十者、悉(發大願而)度脫十方人。	❿(應)為苦眾生(而與)作「歸依」處。	❿(應)為苦眾生(而與)作「歸依」處。

❾當從「生死」輪(中解脱後)還(復乘願而來)。				
㊇(以上十法事)是為上頭(第一)「初發意」(菩薩)之地(所應修學之十法事)。	㊇所以者何？(欲令此第一「發心住」菩薩能更利)益(眾生而)入於佛法中故。		㊇何以故？欲令(此第一「發心住」菩薩其)「菩提心」轉勝(更加)堅固，(而能)成(就)無上道。 (若)有所聞法，即(能)自(悟)開解，不(再)由他(人教導才能)悟。	㊇何以故？欲令(此第一「發心住」)菩薩於佛法中，(菩提)心(更)轉(勝)增廣。 (若)有所聞法，即自(能)開解，不(再)由他(人)教(導才能悟)故。

北宋・中印度僧法天(？～1001)譯《大方廣總持寶光明經・卷一》云：

佛子！此(第一)「初發心」菩薩，應學此「十住」(十法而住之)力故。
❶彼「初發心」菩薩，於一切「時」，(皆應)恭敬、供養諸如來故。
❷❸(於)彼(一切的)菩薩，(皆應生)「安住」(與)「稱讚」故。
❹(願學佛成)為世間最上(解脱的)「第一世主」故。
❺❻(願世世常)求(與諸)佛(相見)，(願修)無量最上「智慧」故。
❼為求「寂靜相應」三摩地故。
❽(應)遠離(生死)「輪迴」故。
❾(應學佛)轉「正法輪」故。
❿(能乘願來再)救度一切「苦惱眾生」故。

何以故？
(此第一「發心住」菩薩欲)為「真實法」(而)「發心」故，(應前往)聽受(諸法)、親近(善知識)、(遠)離諸「散亂」、(獲得念念)相續不斷故。

佛子！是故名為(第一)菩薩「初發心」住。

卍願我往生阿彌陀佛前。願我世世與佛相值，佛當授我莂

《大方廣佛華嚴經》卷18〈明法品 18〉
佛子！菩薩住十種法，令諸大願皆得圓滿。何等為十？
一者、心無疲厭。
二者、具大莊嚴。
三者、念諸菩薩殊勝願力。
四者、聞諸「佛土」，悉願「往生」。
五者、深心長久，盡未來劫。
六者、願悉成就一切眾生。
七者、住一切劫，不以為勞。
八者、受一切苦，不生厭離。
九者、於一切樂，心無貪著。
十者、常勤守護無上法門。

《大方廣佛華嚴經》卷10〈明法品 14〉
佛子！菩薩摩訶薩修行十法，悉能滿足一切諸願，何等為十？
一者、生大莊嚴，心無憂慼。
二者、轉向勝願念諸菩薩。
三者、所聞十方嚴淨「佛剎」，悉願「往生」。
四者、究竟未來際。
五者、究竟成就一切眾生、滿足大願。
六者、住一切劫，不覺其久。
七者、於一切苦，不以為苦。
八者、於一切樂，心無染著。
九者、悉善分別「無等等」解脫。
十者、得大涅槃，無有差別。

《菩薩善戒經》卷8〈生菩提地品 4〉
菩薩爾時住「喜行」時，見無量佛……又復作願：願我常生「諸佛世界」，隨願「往生」，是名「善願」，以得「往生」諸佛世界。

《大方廣佛華嚴經》卷37〈離世間品 33〉
菩薩摩訶薩發如是心：我當於不可說不可說劫，修菩薩行，常不離「佛」及「諸菩薩」，

得大正希望。

《大般若波羅蜜多經(第 401 卷-第 600 卷)》卷 480〈舍利子品 2〉

舍利子！是菩薩摩訶薩修行「般若」波羅蜜多……隨所生處，常得逢事「諸佛世尊」及「諸菩薩摩訶薩」眾，乃至「無上正等菩提」，於其「中間」，常不離「佛」及「諸菩薩摩訶薩」眾。

《摩訶般若波羅蜜經》卷 6〈發趣品 20〉

云何菩薩「愛樂佛身治地業」？

佛言：若菩薩見「佛身相」，乃至「阿耨多羅三藐三菩提」，終不離「念佛」，是名「愛樂佛身治地業」。

《佛說菩薩內戒經・卷一》

菩薩當知三願，乃為菩薩，何謂三？

一、願我當作佛，我當作佛時，令國中無有三惡道者……

二、願我往生阿彌陀佛前。

三、願我世世與佛相值，佛當授我「莂」(指「受記」)。

是為三願。

[1029a09]「菩薩當知三願乃爲菩薩。何謂三？一，願我當作佛，我當作佛時，令國中無有三惡道者，皆有金銀、水精、琉璃七寶，人民壽無極，皆自然飯食、衣被，五樂、倡伎、宮殿舍；二，願我往生阿彌陀佛前；三，願我世世與佛相值，佛當授我莂。是爲三願，合會爲[2]十五戒，具菩薩所當奉行。和閣名明師，阿祇

《大乘寶雲經》卷 2〈十波羅蜜品 2〉

生生世世值遇親近「真善知識」。何者名為「真善知識」？

所謂「諸佛、菩薩」，如是增長宿世，修集「善業」因緣。

「善男子！云何菩薩福德佐助？菩薩摩訶薩於大乘法宿植德本，在在處處流轉生死，為善知識之所攝受，隨願受生，若富貴大[3]姓、若居士大家、信樂之家。既意欲得往彼受生，即便造作彼業因緣令得往生，生生世世值遇親近真善知識。何者名為真善知識？所謂諸佛、菩薩。如是增長宿世修集善業因緣，常作是念：『苦哉，

卍關於「**自不能度，安能度人。菩薩常不離佛**」的經論引證

《大智度論》卷 29〈序品 1〉

復次，菩薩「初發意」(nava-yāna-saṃprasthita。初發心;新發意;新發心;初發心求菩提道而仍未有深行者)**，一心作願：從今日，不復隨諸「惡心」，但欲度脫一切「眾生」，當**(先)**得「阿耨多羅三藐三菩提」。**

《大智度論》卷 29〈序品 1〉

(1)**問曰：菩薩當**(度)**「化眾生」，何故常欲「值佛」？**

　答曰：有菩薩未入「菩薩位」、未得「阿鞞跋致」(avinivartanīya 阿惟越致;不退轉;無退;必定)受「記別」故，若「遠離」諸佛，便壞諸「善根」，沒在煩惱，自不能度，安能度人！

　如人乘船，中流壞敗，欲度他人，反自「沒水」；

　又如少湯，投大「氷池」，雖消少處，反更成氷。

(2)**菩薩未入「法位」，若「遠離諸佛」，以「少功德」、無「方便力」，**欲化眾生，雖少「利益」，反更「墜落」**！以是故，**「新學」菩薩不應「遠離諸佛」**。**

《大智度論》卷 39〈往生品 4〉

(1)**<u>舍利弗</u>！有菩薩摩訶薩從「初發心」**(初發心求菩提道而仍未有深行者)**住「檀」波羅蜜、「尸羅」波羅蜜，乃至「阿鞞跋致」**(avinivartanīya 阿惟越致;不退轉;無退;必定)**地，終不墮「惡道」。**

(2)【論】

　釋曰：是菩薩從「初」已來，怖畏「惡道」，所作功德，願不「墜墮」。乃至「阿鞞

跋致地」(avinivartanīya 阿惟越致；不退轉；無退；必定)**者，以未到中間，畏墮「惡道」，故作願。**

(3)**菩薩作是念：若我墮「三惡道」者，**自不能度，何能度人？又受「三惡道」苦惱時，以「瞋惱」故，「結使」增長，還起「惡業」，復受「苦報」；如是「無窮」，何時當得「修行佛道」？

《大智度論》卷 29〈序品 1〉

(1)「**新學菩薩**」(nava-yāna-saṃprasthita。初發意；初發心；新發意；新發心；初發心求菩提道而仍未有深行者)**不應遠離「諸佛」。**

(2)**問曰：若爾者，何以不說「不離聲聞、辟支佛」？「聲聞、辟支佛」亦能利益「菩薩」。**

(3)答曰：

菩薩大心，「聲聞、辟支佛」雖有「涅槃」利益，無「一切智」故，不能教導「菩薩」。

(4)(唯有)**諸佛**(所具的)「一切種智」**故，能教導「菩薩」。如象沒「泥」，非象不能出；**菩薩亦如是，若入「非道」中，唯「佛」能救，同「大道」故。以是故說「菩薩」常欲「不離諸佛」。

(5)**復次，菩薩作是念：我未得「佛眼」故，如「盲」無異，若不為「佛」所引導，則無所趣，錯入「餘道」……**

(6)**譬如嬰兒，不應離母，**又如「行道」不離「糧食」，如「大熱」時，不離「涼風、冷水」，如「大寒」時，不欲「離火」，如「度深水」不應「離船」。

(7)**譬如「病人」不離「良醫」；「菩薩」不離「諸佛」，過於上事。何以故？**

父母、親屬、知識、人、天王等，皆不能如「佛」利益；佛「利益」諸「菩薩」，離諸苦處，住世尊之地。以是因緣故，菩薩常不離佛。

《大智度論》卷 61〈隨喜迴向品 39〉

「**新發意」菩薩**(初發心求菩提道而仍未有深行者)**，先教**「取相」隨喜**，漸得「方便力」，爾乃能行「無相」隨喜。譬如鳥子，「羽翼」未成，**不可逼令「高翔」；(需待)「六翮」(鳥的兩翼，此喻成「佛道」)**成就，則能遠飛**(此喻能廣度眾生)。

修行人於日常功課後要「發願迴向」西方極樂佛國，並要經常口稱：我當作佛！我必作佛！阿彌陀佛！帶我去西方作佛！

北涼・曇無讖譯《大方廣三戒經》卷 1

若以「音聲」得「阿耨多羅三藐三菩提」，作如是言：

(我有佛性，所以)

我當作佛！
我當作佛！
(將來必定)而成佛者。
(所有)無邊眾生，亦當「作佛」！

唐‧菩提流志譯《大寶積經》卷 1
「音聲言說」亦應證得「無上菩提」，(並)作如是言：
(我有佛性，所以)
我當作佛！
我當作佛！
以此「語」故，(有)無邊眾生(亦)應成「正覺」。
迦葉！若有眾生修學此行(我有佛性，所以我當作佛之行)，甚為難有。

劉宋‧求那跋摩(Guṇavarman。367~431 年)譯《佛說菩薩內戒經》卷 1
菩薩當知「三願」，乃為(是真正修行發心的大)菩薩。何謂三？
(我有佛性，所以)
一、願我當作佛！……
二、願我往生阿彌陀佛前。
三、願我世世與佛相值(遇)，佛當授我「莂」(授記)。是為三願。

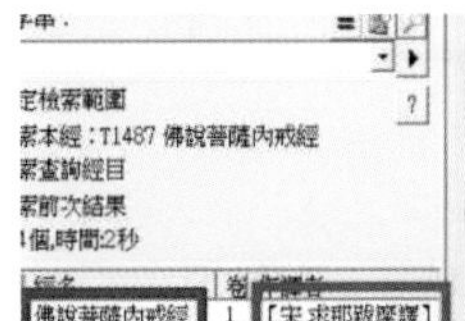

[1029a09] 「菩薩當知三願乃為菩薩。何謂三？一，願我當作佛，我當作佛時，令國中無有三惡道者，皆有金銀、水精、琉璃七寶，人民壽無極，皆自然飯食、衣被，五樂、倡伎、宮殿舍；二，願我往生阿彌陀佛前；三，願我世世與佛相值，佛當授我莂。是為三願，合會為[2]十五戒，且菩薩所當奉行。和闍名明師，阿祇

龍樹菩薩造‧鳩摩羅什譯《大智度論》卷 4〈序品 1〉
有人言：「初發心」(而)作願：
(我有佛性，所以)我當作佛！(當)度一切眾生！
從是已來，(此人則)名(為)「菩提薩埵」(菩薩)。

龍樹菩薩造・鳩摩羅什譯《大智度論》卷 45〈摩訶薩品 13〉
諸凡夫人，雖住諸「結使」(煩惱)，(但)聞「佛功德」，(即)發「大悲心」(而)憐愍眾生，
(故發願：我有佛性，所以)我當作佛！
此(凡夫者之)心雖(仍)在「煩惱」中，(但)心(已得)尊貴故，(將爲)天人所(尊)敬。

龍樹菩薩造・鳩摩羅什譯《大智度論》卷 78〈願樂品 64〉
若有(人)能一「發心」(而)言：
(我有佛性，所以)我當作佛！(我當)滅一切眾生苦！
(我當「往生極樂世界」而於「西方作佛」)
(此人)雖未斷煩惱、(亦)未行「難事」，(但)以(此人之)「心、口」業(之深)重故，(將)勝於一切眾生。

龍樹菩薩造・鳩摩羅什譯《大智度論》卷 49〈發趣品 20〉
菩薩摩訶薩(於)初發「阿耨多羅三藐三菩提」意，(應)作是願：
(我有佛性，所以)我於未來世(必)當作佛！
(此即)是「阿耨多羅三藐三菩提」意，(此)即是(相)應(於)「薩婆若心」(一切智心)。

後秦・鳩摩羅什(Kumāra-jīva。344~413)譯《佛說華手經》卷 9〈不退轉品 30〉
又，舍利弗！菩薩有四法(底下省略)，心(應)常「喜悅」，(於)修道(上)自慰(自我安慰)，能自(我)了知：
(我有佛性，所以我)必當作佛！(將來必定能)名聞十方。
(我當「往生極樂世界」而於「西方作佛」)

龍樹菩薩造・鳩摩羅什譯《大智度論》卷 4〈序品 1〉
(1)(釋迦我於最)初阿僧祇中(從過去釋迦文佛到剌那尸棄佛 Ratnaśikhi→[寶髻佛；寶積佛；寶頂佛]，爲初阿僧祇)，心(仍)不自知「我當作佛」？(或)不(能)作佛？
(2)(於第)二阿僧祇中(從剌那尸棄佛至燃燈佛，爲二阿僧祇)，心雖能知「我必作佛」，而「口」(仍)不稱「我當作佛」。
(3)(釋迦我於第)三阿僧祇中(從燃燈佛至毘婆尸佛，爲第三阿僧祇)，(內)心(分明)了了，自知「(我必)得作佛」，「口」自發言(而)無所「畏難」：
(我有佛性，所以)我於來世(必)當作佛！

十六－7「治地住」菩薩(二住位)於一切眾生而應發「十種心」，然後再修習十種法來增長自己的「大慈悲心」

吳・支謙譯《佛說菩薩本業經》	西晉・竺法護譯《菩薩十住行道品》	東晉・祇多蜜譯《佛說菩薩十住經》	東晉・佛馱跋陀羅譯 六十《華嚴經・菩薩十住品》	唐・實叉難陀譯 八十《華嚴經・十住品》
㊀ (法意菩薩言：) 何謂(第二)「治彳地」(修治自心地)？ (心地最重要的修法就是要「心平」。《壇經》云：心平何勞持戒？)	㊀ (法慧菩薩言：) 二、何等為(第二)「阿闍ㄨ浮」菩薩法住者？ (ādi-karmika 治 bhūmi 地)	㊀ (佛言：) 二、住何等為(第二)「阿闍ㄨ浮」菩薩法住？ (ādi-karmika 治 bhūmi 地)	㊀ (法慧菩薩言：) 諸佛子！何等是菩薩摩訶薩(第二)「治彳地」(修治自心地)住？	㊀ (法慧菩薩言：) 佛子！云何為菩薩(第二)「治彳地」(修治自心地)住？
㊁(第二「治地」)菩薩法住，有十(法)事，以次(應修)學。	㊁(第二「治地住」菩薩)有十(種修法應)意念十方人。 何等為十意？ (其實就是十種善心)	㊁佛言：(第二「治地住」菩薩)有十(種修法應)意念十方(眾)人。 何等為十意？	㊁此(第二「治地住」)菩薩於一切眾生(應)發十種心。何等為十？	㊁此(第二「治地住」)菩薩於諸眾生(應)發十種心。 何者為十？
㊂ 一、(悉)念人善。	㊂ 一者、悉念世間人(是賢)善(的)。	㊂ 一者、悉念世間(人是賢)善(的)。	㊂所謂： ❶(於眾生生起)大慈心。	㊂所謂： ❶(生起)利益(眾生的大慈)心。
二、(生起)淨潔(清淨潔白)心。	二者、(生起)淨潔(清淨潔白)心。	二者、(生起)潔淨(潔白清淨)心。	❷(於眾生生起)大悲心。	❷(於眾生生起)大悲心。
三、(生)柔軟意。	三者、(願)皆(獲)安隱心。	三者、(願)皆(獲)安隱心。	❸(於眾生生起安)樂心。	❸(於眾生生起)安樂心。

四、(生)安靜志。	四者、柔軟心。	四者、柔軟心。	❹(於眾生生起)安住心。	❹(欲令眾生獲)安住心。
五、常布施。	五者、悉愛等(慈愛平等)。	五者、悉愛等(慈愛平等)。	❺(於眾生生起)歡喜心。	❺(於眾生生起)憐愍心。
六、行慈愛(慈悲憐愛)。	六者、心念(心心念念)但欲(布)施與人。(此即謂修行人要養成「手心向下」的布施,而不是讓自己變成了「手心向上」的人)	六者、心念(心心念念)但欲布施與人。(布施行善要「及時」,不能永遠在「等」一個「理由」,例如等中獎了?等退休了?等賺大錢了?)	❻(生起)度(化)眾生心。	❻(生起)攝受(度化眾生的)心。
七、利(益與平等守護)天下(眾生)。	七者、心悉當(平等守)護(眾生)。	七者、心悉常(生平)等(守)護(眾生)。	❼(生起平等)守護眾生心。	❼(生起平等)守護心。
八、助(他人與同自己般的)平均。	八者、心念(他)人與我身(乃平等)無異。	八者、(心)念(他)人與我身(乃平等)無異。	❽(生起眾生與)我(同)所(之)心。	❽(生起眾生皆)同己(之)心。
九、視彼(眾生即)如(尊)己(般)。	九者、心念十方人,我(皆)觀如(自己恩)師(般的平等心)。	九者、心念十方人,(皆)視如視(恩)師(般的平等心)。	❾(生起視眾生皆如恩)師(般的平等)心。	❾(生起視眾生皆如恩)師(般的平等)心。
十、(尊)敬(眾)人(皆)如(恩)師(般的平等尊敬)。	十者、心念十方(眾)人,(皆)視如(同)佛(陀般的平等尊	十者、心念十方(眾)人,(皆)視如(同)視佛(陀般的平等	❿(生起視眾生皆如)如來(般的平等尊敬)心。是為十。	❿(生起視眾生皆如)導師(般的平等尊敬)心。是為十。

	敬)。	尊敬)。		
㊃(第二「治地住」菩薩)復有十學(應再修學)：	㊃(第二)「阿闍ㄉㄨ浮」(治地住)菩薩法。	㊃(第二)「阿闍ㄉㄨ浮」(治地住)菩薩法。	㊃諸佛子！彼(第二「治地住」)菩薩，應(再修)學十法。何等為十？	㊃佛子！此(第二「治地住」)菩薩，應(再)勸學十法。何者為十？
㊄ ①當多諷(習學)經(法)。	㊄ ①當多學經(法)。	㊄ ①當多學經(法)。	㊄所謂： ①先當勤學，專求(於)多聞。	㊄所謂： ①(應勤)誦(學)習(與求)多聞。
②當遠「鄉土」(既然是遠離「家鄉故土」，那就應該要獨處於寂靜)。	②既多學經(法)以(古通「已」)，當「獨處」(而)止(靜)。	②(既)多學經(法)已，當「獨處」(而)止(靜)。	②修(習)「離欲」(之)定。	②(修)虛閑(恬虛閑淡)寂靜(之定)。
③當(親)近「明師」(明白佛法之師，而不是指有「名」之師)。	③既(能)「獨處」(而)止(靜)，當與「善師」從事(學習)。	③(既能)「獨處」止已，常當與「善師」從事(學習)。	③(親)近善知識，不違其教(誨)。	③(親)近善知識。
④當學(習)「善言」。 ※當知(符合)時(宜之話語)。	※既與「善師」從事，當在善師邊(同《論語‧為政篇》云：有事，弟子服其勞)；既在善師邊，當(作)「易使」(輕便簡易的給使)。	※當在「善師」邊易(古通「賜」→給予)使(使者;侍者)。	④善知(符合)時(宜之話)語。	④(所)發(之)言(應)和悅。 ⑤(所發之)語必知(應合)時(宜)。
※當「精進」。			⑤學(習心)「無所畏」(同「心無罣礙」之義)。	⑥心無「怯怖」(怯懼恐怖)。

⑥當入(智慧之)要。	🔀既(能當)「易使」,(即)當(能)隨(於)時(節)。	當(能)隨(於)時(節)。	⑥(當)明解「深義」。 ⑦了達正法。	⑦(當)了達於(法)義。
⑧當(通)曉(其所)行。	⑧既(能)隨所作(所)為,當勇(猛於)所作為。	⑧(既能)隨(於)時(節),(則)所作(作)為(皆)勇(猛)。	⑧知堅(固正)法(之修)行。	⑧(應)如(正)法(而)修行。
⑨當(獲)「不忘」。	⑨既「勇」,當學入(智)慧中。 🔀既學入「慧」中以(古通「已」),所受法當悉(執)持(智慧)。 🔀既當悉(執)持法,當(獲)「不忘」。	⑨(其)所作為既「勇」,當學入慧(入智慧中)。 (於入智慧)中,以所受法當悉(執)持(智慧),當(獲)「不忘」也。	⑨捨離「癡冥」。	⑨遠離「愚迷」。
⑩當安(於心)志(而不動)。	⑩既(獲)「不忘」,當(能獲)「安隱」(於)處止。	⑩既(獲)「不忘」者,當(能獲)「安隱」(於)處止。	⑩(當)安住(於)不動。	⑩(當)安住(於)不動。
陸(此)是為(有)「次第」(修行的)「治地」(住菩薩)之行。	陸所以者何?(此第二「治地住」菩薩欲)益於(眾生)、閔傷(悲閔傷憐於)十方(眾)人故。	陸所以者何?(此第二「治地住」菩薩欲)益於十方(眾)人故。	陸何以故?(此第二「治地住」菩薩)欲於一切眾生(能)增長(其)「大慈悲」故。	陸何以故?欲令(此第二「治地住」)菩薩於諸眾生,增長(其)「大悲」(心)。

			(若)有所聞法，即(能獲心)自開解，不(需再)由他(人之教才能)悟。	(若)有所聞法，即(能獲心)自開解，不(需再)由他(人之)教(導)故。

北宋・中印度僧法天(？～1001)譯《大方廣總持寶光明經・卷一》云：

佛子！復云何名菩薩(第二)「治地住」？
佛子！此(第二)「治地住」菩薩，(應)為諸眾生，先發「十種心」。何等為十(種心)？謂：
❶信心。
❷念心。
❸精進心。
❹慧心。
❺願心。
❻戒心。
❼護法心。
❽捨心。
❾定心。
❿迴向心。
佛子！此(第二)「治地住」菩薩，復(應)發如是「十種心」故。

佛子！此(第二)「治地住」菩薩(應再修學十種法)：
①常念「多聞」(與勤學)。
②相續(而)不(間)斷。
③常樂奉事「善知識」故，供承「親近」。
④於一切「時」，(皆)能「覺察」故。
⑤發言「謙敬」故。
⑥⑦(追)求「堅固」(道法之行)、(與)「無畏」(之)智故。
⑧發趣「菩提智」故。
⑨志求「寂靜」，(與)「勇猛」智故。
⑩志求「妙法」，離諸「虛假」故，心不迷惑。

何以故？
謂：(此第二「治地住」菩薩欲)發如是「誠實」心，(追)求一切佛法故，乃至隨(任何)方(所)，(若)有(此)「聖法」處，(便)躬自往彼，聽受親近，離諸散亂，相續不斷，未曾暫捨。

佛子！是故名(第二)菩薩「治地住」。

《楞嚴經 · 卷八》五十五位真菩提路➔二住位(生於佛家，而爲佛子)

《楞嚴經》原文	白話
②治地住 **心中發明**(發生光明)**，如淨瑠璃，內現「精金」**(精純之金)**。以「前妙心」**(之前十信位之十用妙心)**，履**(實踐)**以成地，名「治ˊ 地住」。**	若有菩薩(底下階位都以「若有菩薩」當作翻譯的開頭，理由是也有菩薩是屬於「頓修、頓悟」型，故不必一一照「階位」來修)其「菩提心」中已發生光明，就如晶瑩清淨的瑠璃一樣，內心的「真實之智」已現出「精純之金」(如清·通理《楞嚴經指掌疏·卷八》云：依「菩提心」重起眞智，故曰「心中發明」……「眞實之智」，體精用明，故以「精金」喻之)。行者便以之前「十信位」的「十用妙心」為主，再繼續履踐「真如妙心」以成就後面諸「地」菩薩的階位，這就叫作「二住位」菩薩之「治ˊ 地住」。(如宋·戒環《楞嚴經要解·卷十五》云：履是妙心，以爲眞基，名曰「治地」。如明·憨山 德清《楞嚴經通議·卷八》云：治地住，治字平聲呼)。

十六－8「修行住」菩薩(三住位)其心於十種法而修「觀照」，然後再修習十種法來讓自己更加「智慧明了」

吳· 支謙譯 《佛說菩薩本業經》	西晉· 竺法護譯 《菩薩十住行道品》	東晉· 祇多蜜譯 《佛說菩薩十住經》	東晉· 佛馱跋陀羅譯 六十《華嚴經·菩薩十住品》	唐· 實叉難陀譯 八十《華嚴經·十住品》
㊀ (法意菩薩言：) 何謂(第三)「應行」(相應於修行住菩薩)？	㊀ (法慧菩薩言：) 三、何等為(第三)「渝阿闍𧧜」菩薩法住者？ (yogācāra 修行者)	㊀ (佛言：) 三、住何等為(第三)「喻阿闍」菩薩法住者？ (yogācāra 修行者)	㊀ (法慧菩薩言：) 諸佛子！何等是菩薩摩訶薩(第三)「修行」住？	㊀ (法慧菩薩言：) 佛子！云何為菩薩(第三)「修行」住？
㊁(第三「修行」)菩薩法住，有十(法)事(應)入，如經(云)。	㊁(第三「修行住」菩薩爲)入於諸法中，(應)用十(法)事。 何等為十(法)事？	㊁佛言：(第三「修行住」菩薩爲)入於諸法中，(應)用十(法)事。 何等為十(法)事？	㊁此(第三「修行住」)菩薩(應以)十種(行去)觀(照)一切法。 何等為十？	㊁此(第三「修行住」)菩薩(應)以十種行(去)觀(照)一切法。 何等為十？
㊂ 一、見「無常」。	㊂ 一者、諸所有(法)皆「無常」。	㊂ 一者、謂所有(法)皆「無常」。	㊂所謂： ①觀一切法「無常」。	㊂所謂： ①觀一切法「無常」。
二、見生「苦」。	二者、諸所有(法)皆「勤苦」。	二者、謂所有(法)皆「勤苦」。	②(觀諸法是)苦。	②(觀)一切法「苦」。
三、見行「空」。	三者、諸所有(法)皆「虛空」。	三者、謂所有(法)皆「虛空」。	③(觀諸法是)空。	③(觀)一切法「空」。

四、見「非身」。	四者、諸所有(法)皆「非我所」。	四者、謂所有(法)皆「非我所」。	④(觀諸法是)無我。	④(觀)一切法「無我」。
五、見「無主」。	五者、諸所有(法)皆「無所住」。	五者、謂所有(法)皆「無所住」。	⑤(觀諸法是)不自在。	⑤(觀)一切法「無作」。
六、無所「貪」。	六者、諸所有(法)皆「無利」。	六者、謂所有(法)皆「無所利」。	⑥(觀)一切法不可樂。	⑥(觀)一切法「無味」。
七、無所「著」。	七者、諸所有(法)皆「無所止」。	七者、謂所有(法)皆「無所止」。	⑦(觀)一切法無「集、散」。	⑦(觀)一切法不如名(諸法無有實體,但有「假名」之集散而已)。
八、無為。	八者、諸所有(法)皆「無有處」。	八者、謂所有(法)皆「無有處」。	⑧(觀)一切法無「堅固」。	⑧(觀)一切法無「處所」。
九、無欲。	九者、諸所有(法)皆「無所著」。	九者、謂所有(法)皆「無所著」。	⑨(觀)一切法「虛妄」。	⑨(觀)一切法離「分別」。
十、無求。	十者、諸所有(法)皆「無所有」。	十者、一切(法)「無所有」。	⑩(觀)一切法無「精勤、和合堅固」。 是為十。	⑩(觀)一切法無「堅實」。 是為十。
	㊃諸法悉入(於)中(而)不復還。	㊃「諸法」悉入(於)「一法」中、「一法」悉		

	(此是爲第三)「渝阿闍𥝮」(修行住)菩薩(所應觀修之十種)教法。	(能)入(於)「諸法」中。(此)是為(第三)「喻阿闍」(修行住)菩薩(所應觀修之十種)教法。		
㈤(第三「修行住」菩薩)復有十學(應再修學)：			㈤諸佛子！彼(第三「修行住」)菩薩應(再修)學十法。何等為十？	㈤佛子！此(第三「修行住」)菩薩應(再)勸學十法。何者為十？
㈥ ❶當(善)念(十方眾)「人」。	㈥ ❶悉當念於「十方人」。		㈥所謂： ❶(應)學分別知一切「眾生界」。	㈥所謂： ❶(應善)觀察「眾生界」。
❸當(善)念(諸佛)「刹」。	❷念於「十方人」已，悉當念「法處」。		❷(應學)分別知一切「法界」。	❷(應善觀察)法界。
❷當(善)念「法」。	❸念「法處」已，悉當念「諸佛刹」。		❸(應學)分別知一切「世界」。	❸(應善觀察)世界。
❹當(善)念「地」種。	❹念「諸佛刹」已，悉當念「地法」。		❹(應學)分別知地(界)。	❹(應善)觀察「地界」。
❺當(善)念「水」種。	❺念「地法」已，悉當念「水法」。		❺(應學分別知)水(界)。	❺(應善觀察)水界。

❻當(善)念「火」種。	❻念「水法」已，悉當念「火法」。		❻(應學分別知)火(界)。	❻(應善觀察)火界。
❼當(善)念「風」種。	❼念「火法」已，悉當念「風法」。		❼(應學分別知)風界。	❼(應善觀察)風界。
❽當(善)念「欲界」。	❽念「風法」已，悉當念「欲法」。		❽(應學)分別知「欲」(界)。	❽(應善)觀察「欲界」。
❾當(善)念「色界」。	❾念「欲法」已，悉當念「色法」。		❾(應學分別知)色(界)。	❾(應善觀察)色界。
❿當(善)念「無色界」。	❿念「色法」已，當念「無有欲色法」處。		❿(應學分別知)無色界。	❿(應善觀察)無色界。
㊀(若已念「無色界」時，此)心無「戀慕」。	㊀(若已)念「無所欲色法」處已，心(即可達)無所貪。所以者何?		㊀何以故?(此第三「修行住」菩薩)欲於一切法(能)增長「明淨」智慧故。	㊀何以故?欲令(此第三「修行住」)菩薩(之)智慧明了。
(此)是為分別(第三)「應行」(相應於修行住菩薩)之地。	用是故，悉當(於)法(而心自)明。		(若)有所聞法，即(能獲心)自開解，不(需再)由他(人之教才能)悟。	(若)有所聞法，即(能獲心)自開解，不(需再)由他(人之)教(導)故。

北宋・中印度僧法天(？～1001)譯《大方廣總持寶光明經・卷一》云：

佛子！復云何名(第三)菩薩「相應住」？佛子！此「相應住」菩薩，有十(種)所觀求(的)

一切法。何等為十？謂：
❶求一切「無上法」故。
❷遠離一切「憂苦」故。
❸觀法(乃)「無自性」故。
❹(觀諸法乃)空無「體相」故。
❺(觀)一切法無有「常」故。
❻(觀)一切法不可「度量」故。
❼(觀諸法乃)離諸「疑惑」故。
❽(觀諸法乃)不可「改變」故。
❾(觀諸法乃)「非有、非無」故。
❿(觀諸法乃)「非取、非捨」故。

佛子！(第三)「相應住」菩薩(應再修習十種法)，
①復觀一切「眾生界」平等。
②(觀)「法界」平等，
③(觀)「世界」平等，
④(觀)「地界」平等，
⑤(觀)「水界」、
⑥(觀)「火界」、
⑦(觀)「風界、虛空界」。
⑧(觀)「欲界」、
⑨(觀)「色界」、
⑩(觀)「無色界」、
如是諸界，悉皆「平等」。

何以故？
謂：(此第三「修行住」菩薩於)如是一切法，(欲觀其)自性「平等」故。為求勝法，(應)往詣十方，於諸佛前，親近、聽受，(遠)離諸散亂，(獲)念念相續，無有間斷。

佛子！是故名(第三)菩薩「相應住」。

《楞嚴經‧卷八》五十五位真菩提路→三住位(生於佛家，而爲佛子)

《楞嚴經》原文	白話

③修行住	
「**心、地**」(心即前所指之妙心，以心即智，即始覺。地即前所履之地，地即理，即本覺)**涉知，俱得明了**(顯白了知)**，遊履**(遊歷行履)**十方，得無**「**留礙**」(留滯隔礙)**，名**「**修行住**」**。**	若有菩薩能以其「始覺之心智」與「本覺之心地」互涉相知，因此「理」與「智」皆俱得「顯明了知」，故能「遊歷行履」於十方世界。上求佛道，下化眾生，廣修六度萬行，沒有任何的「留滯隔礙」及諸障難，這就叫作「三住位」菩薩之「修行住」。

十六－9「生貴住」菩薩(四住位)其心於十種法而應「修行成就」，然後再修習十種法來讓自己更加明曉通達「三世平等」之觀

吳・支謙譯《佛說菩薩本業經》	西晉・竺法護譯《菩薩十住行道品》	東晉・祇多蜜譯《佛說菩薩十住經》	東晉・佛馱跋陀羅譯 六十《華嚴經・菩薩十住品》	唐・實叉難陀譯 八十《華嚴經・十住品》
㊀(法意菩薩言：)何謂(第四)「生貴」(生於最勝尊貴之處)？	㊀(法慧菩薩言：)四、何等為(第四)「闍摩期」菩薩法住者？(janma-ja. 生貴；janma-jina 生於最勝)	㊀(佛言：)四、住何等為(第四)「闍摩期」菩薩法住者？(janma-ja. 生貴；janma-jina 生於最勝)	㊀(法慧菩薩言：)諸佛子！何等是菩薩摩訶薩(第四)「生貴」住？	㊀(法慧菩薩言：)佛子！云何為菩薩(第四)「生貴」住？
㊁(第四「生貴」)菩薩法住，有十(法)事，(應)隨「佛」(而修)行。	㊁(第四「生貴住」菩薩應)常念於「佛處」生，有十(法)事。何等為十(法)事？	㊁佛言：(第四「生貴住」應)常願於「佛處」生。有十(法)事。	㊁此(第四「生貴住」)菩薩從一切聖法「正教」中生，(應)修(行成就)十種法。何等為十？	㊁此(第四「生貴住」)菩薩從「聖教」(聖法正教)中生，(應修行)成就十法。何者為十？
㊂一、(永)不(退)還(於諸佛所而誤入)邪道。	㊂一者、(於諸佛所而永)不復還。	㊂一者、(於諸佛所而永)不復(退)還。	㊂所謂：❶信「佛」(而永)不(被破)壞。	㊂所謂：❶(已)永「不退轉」於諸「佛」所。
二、(應)專心(而)向(於)佛。	二者、(應)多深(思具大)慈於佛。	二者、(應)多深思於佛。	❷究竟(思惟觀察)於法(義)。	❷(於佛而)深生「淨信」。
三、(觀察)思惟(於)法意。	三者、(應)深思惟(觀察於)法(義)。	三者、(應)深思(觀察)於法(義)。	❸(應)寂然(入於諸)「定」意。	❸(應)善觀察(於)法(義)。

四、觀(諸)功德行。	四者、皆視十方人(而生)慈心。	四者、(應)意念「比丘僧」，(應)視十方人(而生)慈心。	❹(應善)分別「衆生」。	❹(應善)了知「衆生」。
五、(應)見(眾)人(皆)如(幻)化。	五者、(應善)思惟十方(世界萬物)，(皆)了無所有。	五者、(應善)思惟(十方世界)「萬物」，皆無所有。	❻(應善)分別「佛剎」(亦如虛空)。	❻(應善分別)「國土」(亦如虛空)。
六、(應)見(十方佛)剎(皆)如夢。	六者、(應善思惟)十方「佛剎」皆虛空。	六者、(應善思惟)十方「佛剎」皆虛空。	❺(應善)分別世界(皆無所有)。	❺(應善思惟)世界(皆無所有)。
七、(應)見(所有)「殃、福」(之業皆)空。	七者、(應善知由)「宿命」所作(諸業)，(一切皆)了無所有。	七者、(應善知由)「宿命」所作(諸業)，(一切皆)了無所有。	❼(應)分別(宿世)諸業(行皆無所有)。	❼(應善分別宿世諸)業行(皆無所有)。
八、(應)見諸法(皆)如「幻」。	八者、(應觀)諸所有皆(如)「虛空」，譬如(所)作(之)「幻」耳。	八者、(應觀)諸所有如「幻」皆(如)虛空。	❽(應)分別(諸因緣)「果報」。	❽(應善分別諸因緣)「果報」。
九、(應觀)「苦、樂」(皆)無異(而無所有)。	九者、(應觀)諸所有「勤苦」(亦)無所有。	九者、(應觀)諸所(有)「勤苦」(亦)無所有。	❾(應善)分別「生死」(亦無所有)。	❾(應善分別)「生死」(亦無所有)。
十、(應)解「泥洹」(爲純)淨(之道)。	十者、(應觀)「泥洹」(即同)虛空(而)無所	十者、(應觀)「泥洹」(即同)虛空(而)亦無	❿(應善)分別「涅槃」(如虛空)。	❿(應善分別)「涅槃」(如虛空)。

	有。	所有。		
	㊃(以)用是故，(第四「生貴住」菩薩必)生於「佛法」中，(此)是為(第四)「闍ㄕㄜˊ摩期」菩薩(所應修之十種)教法。	㊃(以)用是故，(第四「生貴住」菩薩必)生於「佛法」中，(此)是為(第四)「闍ㄕㄜˊ摩期」菩薩(所應修之十種)教法。	是為十。	是為十。
㊄(第四「生貴住」菩薩)復有十學(應再修學)：			㊄諸佛子！彼(第四「生貴住」)菩薩應(再修)學十法。何等為十？	㊄佛子！此(第四「生貴住」)菩薩應(再)勸學十法。何者為十？
㊅當知思念： ①「去」佛，(當思)意(皆)空(而無所有)。 ②「來」佛，(當思)意(皆)空(而無所有)。 ③「今」佛，(當思)意(皆)空(而無所有)。	㊅ ①「過去」諸佛(如)虛空(亦)無所有。 ②「當來」諸佛(如)虛空(亦)無所有。 ③「今現在」諸佛(如)虛空(亦)無所有。		㊅所謂： ①②③(當)學(習)分別「去、來、今」(之)佛法。	㊅所謂： ①②③(當學習)了知「過去、未來、現在」(之)一切佛法。
④「去」(之)佛法，(當思)淨(空而無所有)。 ⑤「來」(之)佛法，(當思)淨(空而無所有)。	④「過去」諸「佛法」(亦)無所有。 ⑤「當來」諸「佛法」(亦)無所有。		④⑤⑥(當)修行「去、來、今」(之一切)佛法。	④⑤⑥(當)修集(同「修習」)「過去、未來、現在」一切(之)佛法。

⑥「今」(之)佛法，(當思)淨(空而無所有)。	⑥「今現在」諸「佛法」(亦)無所有。			
⑦「去」(之)佛，(當思其乃)自然(法爾如是)。	⑦「過去」諸「佛法」，(當)念(其)從何所出生？索了(思索明了之後亦)無所有。		⑦⑧⑨(當)具足「去、來、今」(之)佛法。	⑦⑧⑨(當)圓滿「過去、未來、現在」一切(之)佛法。
⑧「來」(之)佛，(當思其乃)自然(法爾如是)。	⑧「當來」諸「佛法」，(當)念(其)從何所出生？索了(之後亦)無所有。			
⑨「今」(之)佛，(當思其乃)自然(法爾如是)。	⑨「今現在」諸「佛法」，(當)念(其)從何所生？索了(之後亦)無所有。			
⑩諸佛(法之)興(起平)等，(當思其)皆無所異。	⑩(當觀察)諸佛法(皆平)等，悉了無所有。		⑩(當)平等(去)觀察一切諸佛。	⑩(當)了知一切「諸佛」(皆)平等。
㊆(此)是為平等(第四)「生貴」(住菩薩)之地。	㊆所以者何？(此第四「生貴住」菩薩能於)是「三世法」等，皆(平等觀察而)「了無所有」。		㊆何以故？欲使(此第四「生貴住」菩薩能)明達(明曉通達)「三世」(平)等(之)觀。	㊆何以故？欲令(此第四「生貴住」菩薩能更)增(勝)進於「三世」中，心得「平等」(觀)。

			(若)有所聞法，即(能獲心)自開解，不(需再)由他(人之教才能)悟。	(若)有所聞法，即(能獲心)自開解，不(需再)由他(人之)教(導)故。

北宋・中印度僧法天(?～1001)譯《大方廣總持寶光明經・卷一》云：

佛子！復云何名菩薩(第四)「生貴住」？(應)得生十種圓滿(之)「淨業」，(已能)解「聖言說」故。何等為十？謂：
❶此菩薩(凡)有所說法，眾必崇受(尊崇領受)。
❷漸漸「增長」(功德)。
❸(道心已獲)堅固(而永)不退。
❹(能)了達「諸法」。
❺❻(能)觀諸世間(與「佛剎世界」)，(皆)無「壞滅」故。
❼(能)觀一切「業性」，(遠)離「妄想」故。
❽(能)觀諸「果報」，(皆)無「取、捨」故。
❾(能)觀於「輪迴」，(皆)無「去、來」相故。
❿(能)觀於「涅槃」，(乃)湛然、寂靜故。

佛子！此(第四)「生貴住」菩薩，(應)得是十種圓滿(之)「淨業」，(已能)解「聖言說」故。

復言：佛子！(第四)「生貴住」菩薩，(應再修習下面十種法)
①觀「過去」佛法平等，恒時憶念，(令)相續不斷故。
②觀「未來」佛法平等，願當(修)學故。
③觀「現在」佛法平等，勤修習故。
④觀諸佛法，(皆)如是(三世)「平等」。
⑤是故得「過去際、未來際、現在際」，於此「三際」皆得「值遇」。
⑥如是修習(而)憶持不忘。
⑦(於)一切佛法(中)，(皆)慇懃恭敬。
⑧復觀「過去」(之)佛法，(亦如是修)學，平等增長故。
⑨(觀)「未來」(之)佛法，亦如是(修)學，平等增長故。
⑩觀「現」(在之)佛法，亦如是(修)學，平等增長故。

佛子！此(第四)「生貴住」菩薩，如是觀察，趣向一切佛法，普皆平等，增長修習故。
何以故？
謂：(此第四「生貴住」菩薩欲)三世「平等」，最勝「真實」住，無虛假故，乃至(若)聞彼他

方，有如是法，(便)親自往詣，勤求「精進」，心不散亂，(獲)念念相續，無有間斷。 佛子！是故此名(第四)菩薩「生貴住」。

《楞嚴經・卷八》五十五位真菩提路→四住位(生於佛家，而爲佛子)

《楞嚴經》原文	白話
④生貴住 **行**(所修妙行)**與佛同，受佛「氣分」**(同「氣紛」→氣息；氣質)**。如「中陰身」自求父母**(雖能自求未來的父母以轉生)**，陰**(陰合)**信**(需與父母俱有「同業親信」的因緣)**冥通**(冥感互通)**，入「如來種」，名「生貴住」。**	若有菩薩其所修的「妙行」已與諸佛相同，已能領受諸佛的真如「氣分」，將生於「佛家」作「佛子」。這就像是「中陰身」雖能自求未來的父母以轉生，但仍需與父母俱有「同業親信」的「陰合」因緣才能達到「冥感互通」，才能得生入「如來種族」，這就叫作「四住位」菩薩之「生貴住」。

十六－10「具足方便住」菩薩(五住位)其心於十種法而「應當修行」，然後再修習十種法來讓自己獲心「無所染著」

吳・ 支謙譯 《佛說菩薩本業經》	西晉・ 竺法護譯 《菩薩十住行道品》	東晉・ 祇多蜜譯 《佛說菩薩十住經》	東晉・ 佛馱跋陀羅譯 六十《華嚴經・菩薩十住品》	唐・ 實叉難陀譯 八十《華嚴經・十住品》
㊀ (法意菩薩言：) 何謂(第五具足)「修成」(修行成就)？	㊀ (法慧菩薩言：) 五、何等為(第五)「波渝三般」菩薩法住者？ (pūrva-yoga-saṃpanna 方便具足)	㊀ (佛言：) 五、住何等為(第五)「波俞三般」菩薩法住者？ (pūrva-yoga-saṃpanna 方便具足)	㊀ (法慧菩薩言：) 諸佛子！何等是菩薩摩訶薩(第五)「具足方便」住？	㊀ (法慧菩薩言：) 佛子！云何為菩薩(第五)「具足方便」住？
㊁(第五「具足方便」)菩薩法住，有十事(法門)，(應)行濟(度眾)人。	㊁(第五「具足方便住」菩薩)所作(的善根)功德悉(應)度十方人，有十事(法門)。何等為十(法)事？	㊁佛言：(第五「具足方便住」菩薩)所作(的善根)「功德」，悉(應)度十方人。有十事(法門)。	㊁此(第五「具足方便住」)菩薩聞「十種法」(而)應當修行。何等為十？	㊁此(第五「具足方便住」)菩薩，
㊂ 一、(能)為人(作救護)方便。	㊂ 一者、悉(救)護十方人。	㊂ 一者、悉(救)護十方人。	㊂ ❶所行「善根」(功德)，悉為救護一切眾生。	㊂ ❶所修(的)「善根」(功德)，皆(應)為救護一切眾生。
二、令人(獲)安隱。	二者、悉令十方人(獲饒益之)善。	二者、悉念十方人(獲饒益之)善。	❷(悉能)饒益一切眾生。	❷(悉能)饒益一切眾生。

三、(能)賑救(賑濟救助)天下人。	三者、悉念十方人命(獲)安隱。	三者、悉念十方人令(獲)安隱。	❸(悉能)安樂一切衆生。	❸(悉能)安樂一切衆生。
四、慈念一切(眾生)。	四者、悉(憐)愛十方人。	四者、悉(憐)愛十方人。	❹(悉能)哀愍一切衆生。	❹(悉能)哀愍一切衆生。
五、悲傷(於)衆生。	五者、悉哀(愍)十方人。	五者、悉哀(愍)念十方人。	❺(悉能)成就一切衆生。	❺(悉能)度脫一切衆生。
六、令人(生)歡喜。	六者、悉教十方人莫使「作惡」。	六者、悉念十方人莫使「作惡」。	❻(悉能)令一切衆生捨離諸難(而勿作惡)。	❻(悉能)令一切衆生離諸災難(而勿作惡)。
七、(能)護視(護衛顧視於)人物。	七者、悉引(導)十方人著(向於)「菩薩道」中。	七者、悉引(導)十方人著(向於)「菩薩道」中。	❼(悉能)拔出一切衆生「生死」苦惱(而導入「菩薩道」中)。	❼(悉能)令一切衆生出「生死」苦(而導入「菩薩道」中)。
八、勸令(眾生能)隨(入菩薩)道(中)。	八者、悉「清淨」於十方人。	八者、悉「清淨」於十方人。	❽(悉能)令一切衆生(生)歡喜快樂。	❽(悉能)令一切衆生發生「淨信」。
九、為(眾生而)現清淨。	九者、悉度(化)十方人。	九者、悉度脫十方人。	❾(悉能)令一切衆生(獲得)「調伏」。	❾(能)令一切衆生悉得「調伏」。
十、令(眾生皆)得「泥洹」。	十者、悉(度)脫十方人令「般泥洹」。	十者、悉使十方人(皆)「般泥洹」。	❿(能)令一切衆生悉得「涅槃」。	❿(悉能)令一切衆生咸證「涅槃」。
		㊃(此)是為(第五)「波俞三般」菩薩(所應修	㊃(此)是為(第五)「具足方便住」(菩薩所應修	

		之十種)法教。	之十法事)。	
㈤(第五「具足方便住」菩薩)復有十學(應再修學),當知眾生:	㈤		㈤諸佛子!彼(第五「具足方便住」)菩薩應(再修)學十法。何等為十? 所謂:	㈤佛子!此(第五「具足方便住」)菩薩應(再)勸學十法。何者為十? 所謂:
①無有「要」(估計;探求)。	①不可復「計」十方人。		①學知眾生無有邊。	①知眾生無邊。
②無有「種」(種數;種種)。	②③不可復「數」十方人。		②③知眾生不可數。	②知眾生無量。
③無有「數」。				③知眾生無數。
④無有「造」(作)。	④不可復「議」十方人。		④知眾生不思議。	④知眾生不思議。
⑤無有「正」(可作「無正色」。或將「無有正」當作「無定、無准則」解,亦可。因爲眾生有種種不同的色相形貌,所以當然是無有「正色」的)。	⑤不可復「稱」十方人。		⑤知眾生種種色。	⑤知眾生無量色。
⑥不可「思」。	⑥不可復「量」十方人。		⑥知眾生不可量。	⑥知眾生不可量。
⑦不可「稱」(量)。	⑦了不可議「說」十方人。		⑦知眾生空。	⑦知眾生空。

⑧不可「度」。			⑧知衆生不自在。	⑨知衆生無所作。
⑨不可具「說」。			⑨知衆生非真實。	⑩知衆生無所有。
⑩為「一切空」。			⑩知衆生無所有。	⑧知衆生無自性。
㊄(此)是為(十種)聖行，(由第五)「修成」(修行成就菩薩)之地。	㊄何等為「十方人」者？ ❶都盧(全部;通通)十方人皆(為)「虛空」人。 ❷皆非「我所」(之)人。 ❸皆「無所有」(之)人。 ❹皆所有(人)，皆「無」(任何其)他(之)奇(特)。 所以者何？(此第五「具足方便住」菩薩已)心無所著故。		㊄何以故？(此第五「具足方便住」菩薩)欲令其心「無所染著」。 (若)有所聞法，即(能獲心)自開解，不(需再)由他(人之教才能)悟。	㊄何以故？欲令(此第五「具足方便住」菩薩)其心，(更)轉復(更)增勝(進)，(而)無所染著。 (若)有所聞法，即(能獲心)自開解，不(需再)由他(人之)教(導)故。

北宋・中印度僧法天(?～1001)譯《大方廣總持寶光明經・卷一》云：

佛子！復云何名(第五)菩薩「方便具足住」？
佛子！此(第五)「方便具足住」菩薩，(應)觀於無量無邊無數阿僧祇，不可思議無等等眾生界，由如「虛空」，不生不滅，自性清淨，同「真際」等法性。
如是觀察一切眾生，是名(第五)菩薩「方便具足住」。

佛子！此(第五)「方便具足住」菩薩，有十種事，(其)所修(的)「善業」，皆為方便利樂(於)一切眾生故，謂：
①(欲)令一切眾生於「無上道」，心不退轉故。
②(欲)愛樂一切眾生，不捨離故。
③(欲)饒益安樂一切眾生故。
④(欲)悲愍一切眾生故。
⑤欲令一切眾生皆得不可思議「解脫道」故。
⑥(欲)洗滌一切眾生「業垢」故。
⑦(欲)攝伏一切眾生故。
⑧欲令一切眾生「歡喜無厭」故。
⑨以諸「方便」引導「一切眾生」故。
⑩欲令一切眾生(獲得)「究竟涅槃」(之)「寂滅樂」故。

佛子！此(第五)「方便具足住」菩薩，如是乃至，(若)聞彼他方，(有)說如是法，(便)親自往詣，勤求修習，心不散亂，(獲)念念相續，無有間斷。

佛子！是名(第五)菩薩「方便具足住」。

《楞嚴經・卷八》五十五位真菩提路→五住位(生於佛家，而爲佛子)

《楞嚴經》原文	白話
⑤方便具足住 **既遊**(遊歷行履)**道胎**(諸佛正道之胎)**，親奉**(親自奉承)**覺**(佛之正覺)**胤**ㄧㄣˋ(後嗣；子嗣)**。如胎**(正道之胎)**已成，人相**(大人三十二相)**不缺，名「方便具足住」。**	若有菩薩其既已能「遊歷行履」於諸佛的「正道之胎」，親自奉承佛陀大覺法王之「嫡親胤嗣」。如果「正道之胎」已成長，則與佛一樣的「大人三十二相」便得圓滿而不缺少，這就叫作「五住位」菩薩之「方便具足住」。(如清・通理《楞嚴經指掌疏・卷八》云：「人相不缺」，謂胎中七七日滿，根形具足也，以是義故，名「方便具足住」。如明・交光真鑑《楞嚴經正脈疏・卷八》云：「形成不缺」者，謂「見、聞」等圓通妙用，具足一切方便善巧。克肖於佛，無所乏少，如「中陰」六根成就，克肖「父母」也)

十六－11「具足正心住」菩薩(六住位)其心應於十種法而得「決定心」，然後再修習十種法來讓自己獲得「不退轉」之「無生法忍」

吳・支謙譯《佛說菩薩本業經》	西晉・竺法護譯《菩薩十住行道品》	東晉・祇多蜜譯《佛說菩薩十住經》	東晉・佛馱跋陀羅譯 六十《華嚴經・菩薩十住品》	唐・實叉難陀譯 八十《華嚴經・十住品》
㊀ (法意菩薩言：) 何謂(第六具足)「行𤣥 登」(品行;德行𤣥 。高登)？	㊀ (法慧菩薩言：) 六、何等為(第六)「阿耆三般」菩薩法住者？ (adhyāśaya 正心 saṃpanna 具足)	㊀ (佛言：) 六、住何等為(第六)「阿耆三般」菩薩法住者？ (adhyāśaya 正心 saṃpanna 具足)	㊀ (法慧菩薩言：) 諸佛子！何等是菩薩摩訶薩(第六具足)「正心」住？	㊀ (法慧菩薩言：) 佛子！云何為菩薩(第六具足)「正心」住？
㊁(第六「具足正心」)菩薩法住，有十事「度」輒成(有十事的「法度」輒應修行而令成就)。	㊁有十法，(具足甚)深慈(悲)心哀(愍)。何等為十法？	㊁佛言：有十法，(具足甚)深哀(愍)慈(悲)心。	㊁此(第六「具足正心住」)菩薩(若)聞十種法，(心應)得「決定心」(而不動)。何等為十？	㊁此(第六「具足正心住」)菩薩(若)聞十種法，心(應決)定(而)不動。何者為十？
㊂ 一、(若)聞(有人)「稱(歎)佛、譏(毀)佛」(者)，(此菩薩之)心(皆)無異(而不動)。	㊂ 一者、(若有人)用說佛(之)「善、惡」(者)，(此菩薩之)心(皆)無有異(而不動)。	㊂ 一者、(若聞)有人說佛(之)「善、惡」(者)，(此菩薩之)心(皆)無有異(而不動)。	㊂所謂：❶(若)聞(有人)「讚佛、毀佛」(者)，(此菩薩)於佛法中，心(應決)定(而)不動。	㊂所謂：❶(若)聞(有人)「讚佛、毀佛」(者)，(此菩薩)於佛法中，心(應決)定(而)不動。
二、(若)聞(有人)	二者、(若聞有人)	二者、(若聞有人)	❷(若)聞(有人)	❷(若)聞(有人)

「譽法、毀法」(者)，(此菩薩之)心(皆)無異(而不動)。	說「法善」、說「法惡」(者)，(此菩薩之)心(皆)無有異(而不動)。	說法(之)「善、惡」(者)，(此菩薩之)心(皆)無有異(而不動)。	「讚法、毀法」(者)，(此菩薩)於佛法中，心(應決)定(而)不動。	「讚法、毀法」(者)，(此菩薩)於佛法中，心(應決)定(而)不動。
三、(若)聞(有人說)菩薩「善」、(說)菩薩「惡」(者)，(此菩薩之)心(皆)無異(而不動)。	三者、(若聞有人)說菩薩「善」、說菩薩「惡」(者)，(此菩薩之)心(皆)無有異(而不動)。	三者、(若聞有人)說菩薩(之)「善、惡」(者)，(此菩薩之)心(皆)無有異(而不動)。	❸(若)聞(有人)「讚、毀」菩薩(者)，(此菩薩)於佛法中，心(應決)定(而)不動。	❸(若)聞(有人)「讚」菩薩、「毀」菩薩(者)，(此菩薩)於佛法中，心(應決)定(而)不動。
四、(若)聞(有)人(互)相評論(行菩薩道者之「善惡」事者)，(此菩薩之)心(皆)無異(而不動)。	四者、(有)求「菩薩道」(者)，(若有)人共相(說)道(行菩薩道者之)「善、惡」(事者)，(此菩薩之)心(皆)無有異(而不動)。	四者、(有)求「菩薩道」(者)，(若有)人共相(說)導(導古通「道」)「善、惡」(事者)，(此菩薩之)心(皆)無有異(而不動)。	❹(若)聞(有人)「讚、毀」菩薩所行(之)法(者)，(此菩薩)於佛法中，心(應決)定(而)不動。	❹(若)聞(有人)「讚」菩薩、「毀」菩薩所行(之)法(者)，(此菩薩)於佛法中，心(應決)定(而)不動。
五、(若有)聞人眾(多)、(或聞)人寡(少之事)，(此菩薩之)心(皆)無異(而不動)。	五者、(於)中有人言：十方(眾)人(是)多？十方(眾)人(是)少(者)？(此菩薩之)心(皆)無有異(而不動)。	五者、(若)有人言：十方(眾)人有多？(有)少(者)？(此菩薩之)心(皆)無有異(而不動)。	❺(若)聞眾生「有量、無量」(者)，(此菩薩)於佛法中，心(應決)定(而)不動。	❺(若)聞說眾生「有量、無量」(者)，(此菩薩)於佛法中，心(應決)定(而)不動。

六、(若有)聞經(道眾)多、(或聞)經(道寡)少(之事)，(此菩薩之)心(皆)無異(而不動)。	六者、(若於全)都(的)十方人(中)，(展)轉相(說)道(其)「善、惡」(事者)，(此菩薩之)心(皆)無有異(而不動)。	六者、(若)覩十方(眾)人，展轉相(說)導(導古通「道」)善、惡(事者)，(此菩薩之)心(皆)無有異(而不動)。	❻(若)聞眾生「有垢、無垢」(者)，(此菩薩)於佛法中，心(應決)定(而)不動。	❻(若)聞說眾生「有垢、無垢」(者)，(此菩薩)於佛法中，心(應決)定(而)不動。
七、(若有)聞(眾生之)生苦、(眾生之)生樂(事)，(此菩薩之)心(皆)無異(而不動)。	七者、(於)中有人說言：十方人(爲)「易脫、難脫」(之事者)，(此菩薩之)心(皆)無有異(而不動)。	七者、(於)中有人說言：十方人(爲)「易脫、難脫」(之事者)，(此菩薩之)心(皆)無有異(而不動)。	❼(若)聞眾生「易度、難度」(者)，(此菩薩)於佛法中，心(應決)定(而)不動。	❼(若)聞說眾生「易度、難度」(者)，(此菩薩)於佛法中，心(應決)定(而)不動。
八、(若有)聞人難度、人易度(之事者)，(此菩薩之)心(皆)無異(而不動)。	八者、(若有聞)說法(界)多、(或聞)說法(界)少(之事者)，(此菩薩)心(皆)無有異(而不動)。	八者、若有人(聞)說法(界)多、(或)少(之事者)，(此菩薩之)心(皆)無有異(而不動)。	❽(若)聞法界「有量、無量」(者)，(此菩薩)於佛法中，心(應決)定(而)不動。	❽(若)聞說法界「有量、無量」(者)，(此菩薩)於佛法中，心(應決)定(而)不動。
九、(若有)聞法(界是)「興」、(或聞)法(界是)「衰」(之事者)，(此菩薩之)心(皆)無異(而不動)。	九者、(若有聞)說法(界是)「壞」、(聞)說法(界是)「不壞」(之事者)，(此菩薩之)心(皆)無有異(而不動)。	九者、(若)有人說法(界是)「壞、不壞」(之事者)，(此菩薩之)心(皆)無有異(而不動)。	❾(若)聞法界「若成、若壞」(者)，(此菩薩)於佛法中，心(應決)定(而)不動。	❾(若)聞說法界「有成、有壞」(者)，(此菩薩)於佛法中，心(應決)定(而)不動。
十、(若聞)遭「有	十者、(若聞)有	十者、(若聞)有	❿(若)聞法界	❿(若)聞說法

道」、(或)遭「無道」(之事者)，(此菩薩之)心(皆)無異(而不動)。	法(界)處、(或聞)無法(界)處(者)，(此菩薩之)心(皆)無有異(而不動)。	法(界)處、(或聞)無法(界)處(者)，(此菩薩之)心(皆)無有異(而不動)。	「若有、若無」(者)，(此菩薩)於佛法中，心(應決)定(而)不動。 是為十。	界「若有、若無」(者)，(此菩薩)於佛法中，心(應決)定(而)不動。 是為十。
	㊃(此)是(第六「具足正心住」)菩薩當(修)學是諸法(而心)「無有」(異)處。	㊃(此)是為(第六)「阿耆三般」菩薩(應修習之十種)教法。		
㊄(第六「具足正心住」菩薩)復有十學(應再修學)：	㊄(第六「具足正心住」菩薩)復有十(法)事(應再修學)。何等為十(法)事？		㊄諸佛子！彼(第六「具足正心住」)菩薩應(再修)學十法。何等為十？所謂：	㊄佛子！此(第六「具足正心住」)菩薩應(再)勸學十法。何者為十？所謂：
❶心無「想」。	一者、諸法「無有處」。		❶學一切法「無相」。	❶一切法「無相」。
❷不受「想」。	二者、諸法「不可得見」處。		❷一切法「無性」。	❷一切法「無體」。
❸不計「身」。	三者、學諸法譬如「化作」。		❸一切法「不可修」。	❸一切法「不可修」。
❹無「我、所」。	四者、諸法皆「虛空」。		❹一切法「無所有」。	❹一切法「無所有」。
❺無有「見」。	五者、諸法若		❺一切法「無	❺一切法「無

	千種(皆如)「虛空」。		真實」。	真實」。
❻無有「主」。	六者、諸法無有「罣礙」、極(如於)「虛空」(之)處。		❻一切法如「虛空」。	❻一切「法空」。
❼無有「受」。	七者、諸法譬若「幻」(之)所化。		❼一切法「無自性」。	❼一切法「無性」。
❽為如「化」。	八者、諸法譬(如)「夢」中(之)所有。		❽一切法「如幻」。	❽一切法「如幻」。
❾為「不成」(無所成)。	九者、諸法「不可計」。		❾一切法「如夢」。	❾一切法「如夢」。
❿無「所有」。	十者、諸法「無所有」、(皆)不可得「視」。		❿一切法「如響」。	❿一切法「無分別」。
(此)是為(更)盡(增)信(第六具足)「行ㄒㄥ登」(菩薩)之地。	㊅所以者何?(此能更)益(增信)深入(於)佛法中,(證)「無有能勝」者。		㊅何以故?(此第六「具足正心住」菩薩)欲令得「不退轉」(之)「無生法忍」故,	㊅何以故?欲令(此第六「具足正心住」菩薩)其心轉復(更)增(勝)進,得「不退轉」(之)「無生法忍」。
			(若)有所聞法,即(能獲心)自開	(若)有所聞法,即(能獲心)

			解，不(需再)由他(人之教才能)悟。	自開解，不(需再)由他(人之)教(導)故。

北宋・中印度僧法天(?～1001)譯《大方廣總持寶光明經・卷一》云：

佛子！復云何名(第六)菩薩「正心住」？
佛子！此(第六)「正心住」菩薩，有十種法，應當樂聞，勤求志意，於佛法中，(必)得「正心住」。
佛子！何等為十？謂：
❶說「佛」(或爲)「有色、無色」，(此菩薩)於佛法中，(心應)得「正心住」。
❷說「法」(或爲)「有色、無色」，(此菩薩)於佛法中，(心應)得「正心住」。
❸❹說菩薩「所行之行」，(說菩薩或爲)「有色、無色」，(此菩薩)於佛法中，(心應)得正心住。
❺如是乃至說(有)「此」眾生界、(有)「大生」眾生界，(此於佛法中，心應得正心住)。
❻(說)「有煩惱」眾生界、(有)「無煩惱」眾生界，(此菩薩於佛法中，心應得正心住)。
❼(說有)「易化」眾生界、(有)「難化」眾生界，(此菩薩於佛法中，心應得正心住)。
❽乃至(說有)「大」法界、(有)「出生」法界，(此菩薩於佛法中，心應得正心住)。
❾(說)「有色」世界、(有)「無色」世界，(此菩薩於佛法中，心應得正心住)。
❿(說)「有法」世界、(有)「無法」世界，(此菩薩於佛法中，心應得正心住)。

佛子！此(第六)「正心住」菩薩，如是乃至於佛法中，聞此法故，是為(第六)菩薩得「正心住」。

佛子！此(第六)「正心住」菩薩，復聞此十種法故，(應再)入理勤求，乃至聞於一切「無上法」，亦皆修學。何等為十？謂：
①無相、
②無性、
③無實、
④無染、
⑤遠離、
⑥無著、
⑦無自性、
⑧如幻、
⑨如夢、
⑩離諸疑惑。
(若)聞如是「一切法」故，應勤修習。

何以故？

為此(第六)「正心住」菩薩，(欲)入於「真實」法門故。如是乃至，(若)聞彼他方，(有)說如是法，(便)親自往詣，勤求修習，心不散亂，(獲)念念相續，無有間斷。 佛子！是名(第六)菩薩「正心住」。

《楞嚴經・卷八》五十五位真菩提路➔六住位(生於佛家，而爲佛子)

《楞嚴經》原文	白話
⑥正心住 **容貌**(容顏相貌)**如佛，心相**(心性法相)**亦同，名「正心住」。**	若有菩薩以其所現的「容顏相貌」就如同佛一樣圓滿，其「心性法相」亦同於佛一樣的正知正見，這就叫作「六住位」菩薩之「正心住」。

經名 | 冊 作譯者
大方廣佛華嚴經 | 2.. 【唐 實叉難陀譯】

《大方廣佛華嚴經》卷23〈十迴向品 25〉

斷疑故。』佛子！菩薩摩訶薩復作是念：『我應如日，普照一切，不求恩報。眾生有惡，悉能容受，終不以此而捨誓願；不以一眾生惡故，捨一切眾生。但勤修習善根迴向，普令眾生皆得安樂；善根雖少，普攝眾生，以

若聞眾生[有垢、無垢],吾人之心應[決定不動]亦不退轉--2023年果濱講於二楞講堂
https://drive.google.com/file/d/1nXSrhnyLXHGD0hAfBVKrrmlAGf8jN2fg/view?usp=sharing

十六－12「不退轉住」菩薩(七住位)其心應於十種法而「決定不退轉」，然後再修習十種法來讓自己於一切法獲得「方便具足」與「出離解脫」

吳‧ 支謙譯 《佛說菩薩本業經》	西晉‧ 竺法護譯 《菩薩十住行道品》	東晉‧ 祇多蜜譯 《佛說菩薩十住經》	東晉‧ 佛馱跋陀羅譯 六十《華嚴經‧菩薩十住品》	唐‧ 實叉難陀譯 八十《華嚴經‧十住品》
㊀ (法意菩薩言：) 何謂(第七)「不退轉」？	㊀ (法慧菩薩言：) 七、(第七)「阿惟越(古別音)致」菩薩者，何等法住？ (avaivartika 不退轉)	㊀ (佛言：) 七、住何等為(第七)「阿惟越(古別音)致」菩薩法住者？ (本字常作下面梵文 avinivartanīya 阿鞞跋致)	㊀ (法慧菩薩言：) 諸佛子！何等是菩薩摩訶薩(第七)「不退轉」住？	㊀ (法慧菩薩言：) 佛子！云何為菩薩(第七)「不退」住？
㊁(第七「不退轉」)菩薩法住，有十(法)事(的修學)，(其心)志(應)牢強(牢固堅強)。	㊁(此第七「不退轉」)菩薩聞十(法)事(的修學)，(其道心應)堅住。何等為十(法)事？	㊁佛言：(此第七「不退轉」)菩薩有十(法)事(的修學)，(其道心應)堅住(而)不動。	㊁此(第七「不退轉住」)菩薩聞十種法(的修學)，其心(應)堅固而不動轉。何等為十？	㊁此(第七「不退轉住」)菩薩聞十種法(的修學)，(其心應)堅固(而)不退。何者為十？
㊂ 一、(若人)言「有佛、無佛」(者)，(此菩薩其心應決定)不退轉。	㊂ 一者、(若人言)「有佛、無佛」(者)，(此菩薩其心應決定)不動還。	㊂ 一者、(若人)言「有佛、無有佛」(者)，(此菩薩其)心(應決定)不動還。	㊂所謂： ❶(若)聞「有佛、無佛」(者)，(此菩薩)於佛法中，(其心應決定)不退轉。	㊂所謂： ❶(若)聞「有佛、無佛」(者)，(此菩薩)於佛法中，(其)心(應決定)不退轉。
二、(若人)言「有法、無法」	二者、(若人)言「有法、無	二者、(若人言)「有法、無	❷(若人言)「有法、無法」	❷(若)聞「有法、無法」(者)，(此

(者)，(此菩薩其心應決定)不退轉。	法」(者)，(此菩薩其心應決定)不動還。	法」(者)，(此菩薩其心應決定)不動還。	(者)，(此菩薩)於佛法中，(其心應決定)不退轉。	菩薩)於佛法中，(其)心(應決定)不退轉。
三、(若人)言「有菩薩、無菩薩」(者)，(此菩薩其心應決定)不退轉。	三者、(若人言)「有菩薩、無菩薩」(者)，(此菩薩其心應決定)不動還。	三者、(若人言)「有菩薩、無菩薩」(者)，(此菩薩其心應決定)不動還。	❸(若人言)「有菩薩、無菩薩」(者)，(此菩薩)於佛法中，(其心應決定)不退轉。	❸(若)聞「有菩薩、無菩薩」(者)，(此菩薩)於佛法中，(其)心(應決定)不退轉。
四、(若人)言「有求佛、無求佛」(者)，(此菩薩其心應決定)不退轉。	四者、(若人言)「有求菩薩道者、無有求菩薩道」者，(此菩薩其心應決定)不動還。	四者、(若人言)「有求索菩薩道、無求索菩薩道」者，(此菩薩其心應決定)不動還。	❹(若人言)「有菩薩行、無菩薩行」(者)，(此菩薩)於佛法中，(其心應決定)不退轉。	❹(若)聞「有菩薩行、無菩薩行」(者)，(此菩薩)於佛法中，(其)心(應決定)不退轉。
五、(若人言)「有得佛、無得佛」(者)，(此菩薩其心應決定)不退轉。	五者、(若人言)「持是法得(喻➔得離出生死)、持是法不得」(者)，(此菩薩其心應決定)不動還。	五者、(若人言)「持是法得(喻➔得離出生死)、持是法不得」(者)，(此菩薩其心應決定)不動還。	❺(若人言)菩薩行「出生死、不出生死」(者)，(此菩薩)於佛法中，(其心應決定)不退轉。	❺(若)聞有菩薩「修行出離、修行不出離」(者)，(此菩薩)於佛法中，(其)心(應決定)不退轉。
六、(若人言)古(過去)「有(佛)聖道、無(佛)聖道」(者)，(此菩薩其心應決定)不退轉。	六者、(若人言)「有諸過去佛、無諸過去佛」(者)，(此菩薩其心應決定)不動還。	六者、(若人言)「有諸過去佛、無過去佛」(者)，(此菩薩其心應決定)不動還。	❻(若人言)「有過去佛、無過去佛」(者)，(此菩薩)於佛法中，(其心應決定)不退轉。	❻(若)聞「過去有佛、過去無佛」(者)，(此菩薩)於佛法中，(其)心(應決定)不退轉。

七、(若人言)今(現在)「有(佛)聖道、無(佛)聖道」(者)，(此菩薩其心應決定)不退轉。	七者、(若人言)「有諸當來佛、無諸當來佛」(者)，(此菩薩其心應決定)不動還。	七者、(若人言)「有諸當來佛、無當來佛」(者)，(此菩薩其心應決定)不動還。	❼(若人言)「有未來佛、無未來佛」(者)，(此菩薩)於佛法中，(其心應決定)不退轉。	❼(若)聞「未來有佛、未來無佛」(者)，(此菩薩)於佛法中，(其)心(應決定)不退轉。
八、(若人言)後(當來)「有(佛)聖道、無(佛)聖道」(者)，(此菩薩其心應決定)不退轉。	八者、(若人言)「有諸現在佛、無諸現在佛」(者)，(此菩薩其心應決定)不動還。	八者、(若人言)「有現在佛、無現在佛」(者)，(此菩薩其心應決定)不動還。	❽(若人言)「有現在佛、無現在佛」(者)，(此菩薩)於佛法中，(其心應決定)不退轉。	❽(若)聞「現在有佛、現在無佛」(者)，(此菩薩)於佛法中，(其)心(應決定)不退轉。
九、(若人)言：三塗同(此指三世爲相同一相。支謙對於「過去現在未來」的「三世」經常譯作「三塗」，但如此極容易誤解作「三惡道」義)、三塗異(此指三世是不同一相的)，(此菩薩其心應決定)不退轉。	九者、(若人言)「佛智慧盡、佛智慧不盡」(者)，(此菩薩其心應決定)不動還。	九者、(若人言)佛智慧「盡、不盡」(者)，(此菩薩其心應決定)不動還。	❾(若人言)佛智「有盡、無盡」(者)，(此菩薩)於佛法中，(其心應決定)不退轉。	❾(若)聞「佛智有盡、佛智無盡」(者)，(此菩薩)於佛法中，(其)心(應決定)不退轉。
十、(若人)言「佛智有盡、佛智無盡」(者)，(此菩薩其心應決	十者、(若人言)「過去世事、當來世事、今現在世	十者、(若人言)「當來、過去、現在」世事，乎(古通	❿(若人言)三世法(爲)「一相、非一相」(者)，(此菩薩)於佛	❿(若)聞三世(法爲)「一相」、三世(法爲)「非一相」

定)不退轉。	事」，乎(古通「呼」→稱道；稱呼)若「干種」，(或稱)乎(爲)「一種」，(此菩薩其)心終不復動還。	「呼」→稱道；稱呼)若「干種」，(或稱道)若「一種」，(此菩薩其心應決定)不動還。	法中，(其心應決定)不退轉。	(者)，(此菩薩)於佛法中，(其)心(應決定)不退轉。
		㊃(此)是為(爲第七)「阿惟越致」菩薩(應修之十種)教法。	㊃(此)是為(第七「不退轉住」菩薩應修之)十(法)。	㊃(此)是為(第七「不退轉住」菩薩應修之)十(法)。
㊄(第七「不退轉住」菩薩)復有十學(應再修學)：	㊄(此)是(爲第七「不退轉住」)菩薩，當教令(再修)學此十(法)事。 何等為十？		㊄諸佛子！彼(第七「不退轉住」)菩薩應(再修)學十法。何等為十？	㊄佛子！此(是爲第七「不退轉住」)菩薩應(再)勸學十種廣大法。何者為十？
㊅ ❶(能)開「微慧」(而)入「大智」。	㊅ 一者、(能)向「一慧」(而)入「若干慧」。		㊅所謂： ❶(能)知「一」即是(爲)「多」。	㊅所謂： ❶(能)說「一」即(知)「多」。
❷(能)開「大智」(而)入「微慧」。	二者、(能執)持「若干慧」(而)入「一慧」。		❷(能知)「多」即是(爲)「一」。	❷(能)說「多」即(知)「一」。
❸(能)現「一法」(而)入「衆經」(法)。	三者、(能從)「一慧」(而)入「若干事」。		❸(能)隨(其)「味」(而)知(其)「義」。	❸(能從其)「文」(而)隨於(其)「義」。

❹(能)現「眾經」(法而)入「一法」。	四者、(能)從「若干事」(而)入「一慧」。		❹(能)隨(其)「義」(而)知(其)「味」(vyañjana 便膳那;文;形;好;菜;味;身分;名句味;助味;語;字;文字;言辭)。	❹(能從其)「義」(而)隨於(其)「文」(vyañjana 便膳那;文;形;好;菜;味;身分;名句味;助味;語;字;文字;言辭)。
❺(能)解「眾生」(而)入(於)「空要」(虛空之要;要點;要略。「要」亦可當「總歸」解)。	五者、(能執)持「十方人」(而)處(於)「虛空」。		❺(能)知「非有」(即)是「有」。	❺(能知)「非有」即(是)「有」。
❻(能)解「空要」(而)入「眾生」。	六者、(能執)持「虛空」(而)皆(盡)入「十方人」。		❻(能)知「有」(即)是「非有」。	❻(能知)「有」即(是)「非有」。
❼(能消)釋「有想」(而)入「寂定」。	七者、(能執)持「思想」(而)入「不動搖」。		❼(能)知「非相」(即)是「相」。	❼(能知)「無相」即(是)「相」。
❽(能消)釋「寂定」(而)入「有想」。	八者、(能執)持「不動搖」(而)入「思想」中。		❽(能)知「相」(即)是「非相」。	❽(能知)「相」即(是)「無相」。
❾(能)說「少淨」(而)入「多想」。	九者、(能執)持「虛空」(而)入「想」中。		❾(能)知「非性」(即)是「性」。	❾(能知)「無性」即(是)「性」。
❿(能)說「多想」	十者、(能執)持		❿(能)知「性」	❿(能知)「性」即

(而)入「少淨」。 ㊆(此)是為(第七「不退轉住」菩薩更加)轉進(轉勝增進於)「不退」之地。	「想」入(而入)「虛空」中。 ㊆所以者何？諸功德法悉入(於)中，(第七「不退轉住」菩薩)用是(十法之修行)故，(此菩薩其心決定)不復(退)動。		(即)是「非性」。 ㊆何以故？(此第七「不退轉住」菩薩)欲於一切法(獲得)「方便具足」故。 (若)有所聞法，即(能獲心)自開解，不(需再)由他(人之教才能)悟。	(是)「無性」。 ㊆何以故？欲令(此第七「不退轉住」菩薩更)增(勝)進，於一切法(皆)善能(獲得解脫)「出離」。 (若)有所聞法，即(能獲心)自開解，不(需再)由他(人之)教(導)故。

北宋・中印度僧法天(？～1001)譯《大方廣總持寶光明經・卷一》云：

佛子！復云何名(第七)菩薩「不退住」？佛子！此(第七)「不退住」菩薩，聞「十無著法」，於佛法中，心(應)不退轉故。何等為十？謂：
❶聞「非有」佛、「非無」佛，此菩薩於佛法中，心(應)不退轉故。
❷(聞)「非有」法、「非無」法，(此菩薩)於佛法中，心(應)不退轉故。
❸(聞)「非有」菩薩、「非無」菩薩，(此菩薩)於佛法中，心(應)不退轉故。
❹(聞)「非取」菩薩、「非不取」菩薩，(此菩薩於佛法中，心應不退轉故)。
❺(聞)「非離」菩薩行、「非不離」菩薩行，(此菩薩於佛法中，心應不退轉故)。
❻(聞)菩薩「非」出生、「非不」出生，(此菩薩)於佛法中，心(應)不退轉故。
❼(聞)過去諸佛非「去」、非「不去」，(此菩薩於佛法中，心應不退轉故)。
❽(聞)未來諸佛非「來」、非「不來」，(此菩薩於佛法中，心應不退轉故)。
❾(聞)現在諸佛非「住」、非「不住」。(此菩薩於佛法中，心應不退轉故)。
❿如是三世諸佛，智慧平等，一相、無相。非盡、非不盡，離諸罣礙。

此菩薩聞如是法故，(於)非(→此指「非有非無」的)佛法中，心(應)不退轉故。

佛子！如是名(第七)菩薩「不退住」。

佛子！此(第七)「不退住」菩薩，復聞十種法，而能(再)修習，何等為十？謂：
①聞「一、多」眾生。

②於「一切法」，精勤修習故。
③此「勝義」諦，為「一、多」(之互相)緣起。
④為「勝義諦」故，(能知「非性」)即(是)「性」。
⑤(能知「性」)即(是)「無性」。
⑥(能知「非相」)即(是)「相」。
⑦(能知「相」)即(是)「無相」。
⑧(能知「無色」)即(是)「有色」。
⑨(能知「色」)即(是)「無色」。
⑩(若能)離「諸相好」，心得「決定」，慇懃修習。

何以故？
謂：(此第七「不退轉住」菩薩欲)聞如是一切諸法，因果該徹，通達無礙，真實法故，成熟解了；如是乃至，(若)聞彼他方，(有)說如是法，(便)親自往詣，勤求修習，心不散亂，(獲)念念相續，無有間斷。
佛子！是故此名(第七)菩薩「不退住」。

名(nāman)
句(pada)
味;形身;字身;文身(vyañjana 便膳那;文;形;好;菜;味;身分;名句味;助味;語;字;文字;言辭。如唐・法寶《俱舍論疏・卷五》云：梵云「便社那」，此云「文」，是能「彰顯」義。西方俗呼「醬、酢、鹽、扇」等物爲「便社那」。以「醬、酢、鹽」等能顯於「味」，「扇」能顯風故，名「便社那」，舊譯爲「味」。又如唐・定賓《四分律疏飾宗義記・卷六》云：「便社那」此云「文」也，今律文云「句味」也)

vyagratā 1287

vy-añjana 中 飾(RV. 用例一回のみ);(顯):現わすこと指示すること；間接的または象徴的表現，暗示；マーク，しるし，徽章；王侯の標識；思春期の徴候(髭，乳房，等，單および複)；ソース，調味料；子音；漢訳 厳飾，文飾；令明；形，好，菜，形相，相好；身分；根，陽物，隠処；味，名句味，助味；語，文，字，文字，言辞，文辞，文詞 *Abh-vy.*, *Bodh-bh.*, *Daś-bh.*, *Kāśy.*, *Laṅk.*, *Madhy-vibh.*, *Mvyut.*, *Laṅk.*, *Rāṣṭr.*, *Ratna-ut.*, *Saddh-p.*, *Sūtr.*

vyagratā 女
vyagratva 中
vy-aṅkuśa
vy-aṅga 形 ……；漢訳 不具支節，支不具者 *Bodh-bh.*
vyaṅgâvyaṅgatā 女 漢訳 具支節不具支節 *Bodh-bh.*
vyaṅgatā 女 不具，跛の状態；不具にすること；漢訳 不具支節 *Bodh-bh.*
vyañjana-sthāna 中 ……のかわりに。
vyañjana-svara-mātr… …*dh-bh.*
vyañjana-hetu 男 …

《解深密經・卷三》

由五種相，了知於法：一者、知「名」；二者、知「句」；三者、知「文」……

(1)云何為「名」？謂於一切「染、淨」法中，所(成)**立**(的)**自性想**(之)**「假施設」**(名相)**。**

(例如：桌子之「名」：名稱;名辭;名相)

(2)云何為「句」？謂即於彼「名」(之)**聚集中，能隨**(而)**宣說諸「染、淨」**(之)**義，**(並)**依持**(而)**建立。**

(例如：桌子之「句」：定義;功能➔置物用;飯桌用;讀書用;電腦用;講課用;供佛神用;工作平台用)

(3)云何為「文」？謂即(於)**彼**(名、句)**二；**(其)**所「依止」**(之)**字。**

(例如：桌子之「名＋句」=字辭=形相=文字➔置物桌。飯桌。書桌。電腦桌。講桌。佛神桌。工作平台桌)

《楞嚴經・卷八》五十五位真菩提路➔七住位(生於佛家，而爲佛子)

《楞嚴經》原文	白話
⑦不退住 **身心合成**(同佛一樣的身心，表裡如一)**，日益增長**(增進成長)**，名「不退住」。**	若有菩薩其身心皆與「諸佛和合」而成為一，然後再繼續不斷的「增進成長」修行，這就叫作「七住位」菩薩之「不退住」。

卍若具有「十三法、六法、五法、二法」，便會發生「退轉」與「破壞」菩提心的情形

北涼・曇無讖 譯 北本《大般涅槃經》	劉宋・慧嚴、慧觀、謝靈運 南本《大般涅槃經》
㊀(佛言：)善男子！ 汝言：眾生若(具)有「佛性」，云何(會發生)「有退」？有「不退」者？ (前面經文有云：菩提心實非佛性。經文又說：「菩提心」只是「佛性」的「緣因」，所以「菩提心」是不等同於「佛性」的)	㊀善男子！ 汝言眾生若有「佛性」，云何有退有不退者。
諦聽！諦聽！我當為汝分別解說。 (佛言：)善男子！ 菩薩摩訶薩(若具)有「十三法」，則便(會發生)退轉，何等十三？ 一者、心不(生起深)信(之心)。 二者、不作(真)心。 三者、(具)疑心。 四者、悋惜(於)「身、財」。 五者、於「涅槃」(一法)中生(出)「大怖畏」，云何(這種「涅槃」)乃(是會)令眾生永(遠的)滅(盡消失)？ 六者、(內)心不(能)「堪忍」(堪能忍受)。 七者、(內)心不(能)「調柔」。 八者、(內心)愁惱(愁悶苦惱)。 九者、(內心)不樂。 十者、(內心)放逸。 十一者、自輕(賤)己身。 十二者、自見煩惱(而)無能(破)壞(煩惱)者。 十三者、不樂進趣(上進趣向於)「菩提」之法。	諦聽！諦聽！我當為汝分別解說。 善男子！ 菩薩摩訶薩有十三法則便退轉，何等十三？ 一者、心不信。 二者、不作心。 三者、疑心。 四者、悋惜身財。 五者、於涅槃中生大怖畏，云何乃令眾生永滅。 六者、心不堪忍。 七者、心不調柔。 八者、愁惱。 九者、不樂。 十者、放逸。 十一者、自輕己身。 十二者、自見煩惱無能壞者。 十三者、不樂進趣菩提之法。
(佛言：)善男子！ 是名「十三法」，(能)令諸菩薩退轉(其)「菩提」(心)。	善男子！ 是名十三法，令諸菩薩退轉菩提。

㊁復有「六法」，(能破)壞「菩提心」，何等為六？ 一者、悋(嗇於)法。 二者、於諸眾生(生)起「不善心」。 三者、親近(於)「惡友」。 四者、不勤(於)「精進」。 五者、自大(與)「憍慢」。 六者、營務(於)「世業」(世俗事業)。 如是六法，則能破壞「菩提之心」。	㊁復有六法壞菩提心，何等為六？ 一者、悋法。 二者、於諸眾生起不善心。 三者、親近惡友。 四者、不勤精進。 五者、自大憍慢。 六者、營務世業。 如是六法，則能破壞菩提之心。
㊂(佛言：)善男子！ 有人得聞諸佛世尊是「人天師」，於眾生中，最上無比，勝於「聲聞、辟支佛」等，「法眼」明了，見法無礙，能度(脫)眾生於「大苦海」。 (此人)聞(諸佛世尊)已，即復發大誓願： 如(於)其世間有如是(諸佛世尊之)人，我亦當得以是「因緣」(而)發「阿耨多羅三藐三菩提」心，或復為他之所「教誨」(教導訓誨)，(而)發菩提心。	㊂善男子！有人得聞諸佛世尊是人天師，於眾生中最上無比，勝於聲聞辟支佛等，法眼明了見法無礙，能度眾生於大苦海。 聞已即復發大誓願： 如其世間有如是人，我亦當得以是因緣發「阿耨多羅三藐三菩提」心。 或復為他之所教誨發菩提心。
㊃或聞「菩薩」(於)「阿僧祇劫」修行「苦行」，然後乃得「阿耨多羅三藐三菩提」。 (此人)聞(菩薩苦行)已，思惟： 我今不堪(承受)如是(之)「苦行」，云何能得(成阿耨菩提)？ 是故有退(菩提心之事)。	㊃或聞菩薩阿僧祇劫修行苦行，然後乃得「阿耨多羅三藐三菩提」。 聞已思惟： 我今不堪如是苦行，云何能得。 是故有退。
㊄(佛言：)善男子！ 復有「五法」，(能令)退「菩提心」，何等為五？ 一者、樂(處)在(附佛)「外道」(中)出家。 二者、不修「大慈」之心。	㊄善男子！復有五法退菩提心，何等為五？ 一者、樂在外道出家。 二者、不修大慈之心。

三者、好求「法師」(之)「過惡」(過失罪惡)。 四者、常樂處在「生死」。 五者、不憙「受持、讀誦、書寫、解說」十二部經。 是名「五法」，(能令)退「菩提心」。	三者、好求法師過惡。 四者、常樂處在生死。 五者、不憙受持讀誦書寫解說十二部經。 是名五法退菩提心。
㊅復有二法，(於令)退「菩提心」，何等為二？ 一者、貪樂(於)「五欲」。 二者、不能恭敬尊重「三寶」。 以如是等「眾因緣」故，退(失)「菩提心」。	㊅復有二法退菩提心，何等為二？ 一者、貪樂五欲。 二者、不能恭敬尊重三寶。 以如是等眾因緣故退菩提心。
㊆云何復名「不退」之心？ 有人聞佛能度眾生(之)「生老病死」，不從師諮(他師諮啓)，(即能)自然修習，(與)得「阿耨多羅三藐三菩提」，若「菩提道」，是可得者，我當修習，必令得之，以是因緣，發「菩提心」。 所作功德，若多若少，悉以迴向「阿耨多羅三藐三菩提」。	㊆云何復名不退之心？ 有人聞佛能度眾生，生老病死不從師諮，自然修習得「阿耨多羅三藐三菩提」，若菩提道是可得者，我當修習必令得之，以是因緣發菩提心。 所作功德若多若少，悉以迴向「阿耨多羅三藐三菩提」。
㊇(我應)作是誓願： ❶願我常得親近「諸佛」及「佛弟子」，常聞「深法」，「五情」(五根)完具，若遇苦難，不(退)失是(菩提)心。 ❷復願諸佛及諸弟子，常於我所，生「歡喜心」，具(信進念定慧)「五善根」。 ❸若諸眾生，斫ㄓㄨㄛˊ伐(斬斫砍伐)我身，斬截手足、頭目、支節。 (我)當於是人，(仍)生大慈心，深自喜慶(歡喜慶幸)： 如是諸人，(仍)為我增長「菩提」(之善)「因緣」；若無是者，我當何緣而得成就「阿耨多羅三藐三菩提」？	㊇作是誓願： ❶願我常得親近諸佛及佛弟子，常聞深法五情完具，若遇苦難不失是心。 ❷復願諸佛及諸弟子，常於我所生歡喜心具五善根。 ❸若諸眾生斫伐我身，斬截手足頭目支節，當於是人生大慈心，深自喜慶： 如是諸人，為我增長菩提因緣，若無是者，我當何緣而得成就「阿耨多羅三藐三菩提」。

十六－13「童真住」菩薩(八住位)其心應於十種法而「安立而住」，然後再修習十種法來讓自己於「一切法」中獲更多「善巧方便」與成就

吳・支謙譯《佛說菩薩本業經》	西晉・竺法護譯《菩薩十住行道品》	東晉・祇多蜜譯《佛說菩薩十住經》	東晉・佛馱跋陀羅譯 六十《華嚴經・菩薩十住品》	唐・實叉難陀譯 八十《華嚴經・十住品》
壹 (法意菩薩言：) 何謂(第八)「童真」？	壹 (法慧菩薩言：) 八、(第八)「鳩摩羅浮 童男」菩薩者為何等法住？ (kumāra-bhūta 童眞)	壹 (佛言：) 八、住何等為(第八)「鳩摩羅浮 童男」菩薩法住者？ (kumāra-bhūta 童眞)	壹 (法慧菩薩言：) 諸佛子！何等是菩薩摩訶薩(第八)「童真」住？	壹 (法慧菩薩言：) 佛子！云何為菩薩(第八)「童真」住？
貳(第八「童眞住」)菩薩法住，有十(法)事，(應)隨所入(而修)。	貳(第八「童眞住」)菩薩於十(法)事中(應)住。何等十？	貳佛言：(第八「童眞住」)菩薩於十(法)事中(應)住。	貳此(第八「童眞住」)菩薩，於十種法，心(應)得「安立」(而住)。何等為十？	貳此(第八「童眞住」)菩薩，(心應)住(於)十種(法)業。何者為十？
參 一、身、口、意(皆)不犯。	參 一者、身所行、口所言、心所念，悉淨潔。	參 一者、身所行、口所言、心所念，悉淨潔。	參所謂： ❶身行清淨， ❷口行清淨， ❸意行清淨。	參所謂： ❶身行無(過)失， ❷語行無失， ❸意行無失。
二、一切(皆)無瑕疵。	二者、無有能得(其)「長短」(缺點過失)者。	二者、無有能得(其)「長短」(缺點過失)者。		
三、志壹(心志能專壹)在(其)所	三者、心(只要)「一反念」(古	三者、(心只要)「一反念」(古	❹(能獲)隨意(而)「受生」。	❹(能獲)隨意(而)「受生」。

(受)生(之處)。	通「返」。一翻轉之念=一反轉之間=一念之間)，(即能)在(所)「欲生」(之)何(處)所。	通「返」。一翻轉之念=一反轉之間=一念之間)，(即能)在所「欲生」(之)何(處)所。	(能隨自己之意而前往下一個「受生」處。例如：有人已能「隨意」而到西方淨土「受生」)	
四、見人(即能)知(其)內(心是否具)慈(心)。	四者、(見)十方人，(即能)知誰(具)慈心者。	四者、(見)十方人，(即能)知誰(具)慈心者。	❺(能)知眾生(之)心。	❺(能)知眾生(心具)種種(不同之)欲。
五、(能)知(眾生)「人心」(之)所信(解)。	五者、(能知)十方人(之)所信用，悉知。	五者、(能知)十方(眾生之)所信用，悉知。	❻(能)知眾生種種「欲樂」(adhimukti 信樂；信解；欲樂；性欲；根性欲樂；信心；根性信解)。	❻(能)知眾生(心具)種種(不同之信)「解」。
六、(能)知「人意」(之)所解。	六者、(能於)十方人若干種(根性)，悉知。	六者、(能於)十方人若干種(根性)，悉知。(附：四大皆空。四根皆空。四界皆空。四種皆空。四性皆空。其實都是對的)	❼(能)知眾生種種(不同之根)性(dhātu 根性；界；大；性；種性;舍利)。	❼(能)知眾生種種(不同之)界(dhātu 根性；界；大；性；種性;舍利)，
七、(能)不(再)受彼「雜想」(之干擾)。	七者、(能於)十方人所作為(之業力)，悉知。	七者、(能於)十方人所作為(之業力)，悉知。	❽(能)知眾生種種(不同之)業(力)。	❽(能)知眾生種種(不同之)業(力)。
八、(能)知諸剎(世界之)「成、	八者、(能於)諸剎土(之)「成、	八者、(能於)十方諸佛剎土	❾(能)知世界(之)「成、壞」。	❾(能)知世界(之)「成、壞」。

敗」。	敗」，悉知。	(之)「成、敗」，悉知。		
九、(能以)神足(神通具足)，疾(速周)遍到十方(世界)。	九者、(能以)神足(神通具足)，(一)念(能)飛在(其)所到(之處)。	九者、(能)得神足(神通具足)，(一)念(能)飛在(其)所至(之)到。	❿(能具足)神通自在，無有障礙。	❿(能具足)神足自在，所行無礙。
十、(能)周滿(周遍圓滿的執)持諸法。	十者、(能執持)諸法清淨(之)學。	十者、(能於)諸法悉(獲)淨潔。		
		(肆)(此)是為(第八)「鳩摩羅浮 童男」菩薩(應安住而立之十種)教法。	(肆)是為十。	(肆)是為十。
(伍)(第八「童眞住」菩薩)復有十(法)事(應再修學)。	(伍)(此)是(第八「童眞住」)菩薩當(再)復(修)學十(法)事。 何等為十(法)事？		(伍)諸佛子！彼(第八「童眞住」)菩薩應(再修)學十法。何等為十？	(伍)佛子！此(第八「童眞住」)菩薩應(再)勸學十種法。何者為十？
(陸) ❶(應修)學(能如佛而)知(諸)「佛世界」。	(陸) 一者、當(修)學(能如佛而)知諸「佛剎」。		(陸)所謂： ❶(應修)學(能如佛而)知一切「佛剎」。	(陸)所謂： ❶(應修學能如佛而)知一切「佛剎」。
❷(應修)學如佛(之)智能(而震動諸佛剎)。	二者、當(修)學(佛之「智能」而)感動(感召震		❷(應修學如佛之「智能」而)震動一切佛剎。	❷(應修學如佛之「智能」而震)動一切佛剎。

(智能→大智能仁)	動)諸佛剎。			
❸(應修)學(顯)現(出如)佛(所具的)神足行。	三者、當(修)學(能如佛所具)「自在」所作(之)威神。		❸(應修學能如佛而執)持一切佛剎。	❸(應修學能如佛而執)持一切佛剎。
❹(應修)學(去)「莊嚴」諸佛剎。	四者、當(修)學(能如佛而觀)視諸佛剎。		❹(應修學能如佛而)觀(察)一切佛剎。	❹(應修學能如佛而)觀(察)一切佛剎。
❺(應修)學(能如佛而周)遍遊(歷)諸國土。	五者、當(修)學(能如佛而)從「一佛剎」復(遊歷)至「一佛剎」。		❺(應修學能如佛而往)詣一切佛剎。	❺(應修學能如佛而往)詣一切佛剎。
	六者、當(修)學(能如佛而)往到無央數(之)「佛剎」。		❻(應修學能如佛而遊行周)遍至一切世界。	❻(應修學能如佛而)遊行(至)無數世界。
❻(應修)學(無量諸)法(有關)答(與)眾問。	七者、當(修)學知無央數「法」(之所)在(與法之)所問。		❼(應修學能)善「問難」無量(的)妙法。	❼(應修學能)領受無數佛法。(少了對法的「問」與「答」的內容)
❼(應修)學(能如佛的神通變)化，無(所)不現。	八者、當(修)學(能如佛的神通)變化，譬如「幻」(之)「自在」所作。		❽(應修學能如佛而以)神通變化(出)「無量身」。	❽(應修學能如佛而顯)現變化(出無量的)「自在身」。

❽(應修)學(能如)佛(音)聲(所)出(之)諸法。	九者、當(修)學(能如)佛(所具之)「音聲」(法)響。		❾(應修學能如佛而)善解無量諸(法)「音聲」。	❾(應修學能如佛而)出(現)廣大遍滿(之法)音(聲)。
❾(應修)學(能如佛而於)轉頃(轉瞬頃間就能周)匝(而遍)十方。 ❿(應修)學(能如佛而)作(於)「一念」(即能)見無數佛。	十者、當(修)學(能如佛而於)「一反」念(古通「返」。一翻轉之念=一反轉之間=一念之間)，(即能)供養「無央」佛所，即悉(能周)遍(而)至到。		❿(應修習能如佛而)於「一念」中，(即能)恭敬供養無量諸佛。	❿(應修學能如佛而於)「一剎那」中，(即能)承事供養無數諸佛。
(此)是為清淨(第八)童真(住菩薩)之地。	㊆所以者何？(此第八「童眞住」菩薩能)入於「一法」中(而能)多所遣(發妙用)。(喻於「一法」中而能獲獲得「無量」的妙用)		㊆何以故？(此第八「童眞住」菩薩)欲於「一切法」中(皆能)出「巧方便」，具足成就。 (若)有所聞法，即(能獲心)自開解，不(需再)由他(人之教才能)悟。	㊆何以故？欲令(此第八「童眞住」菩薩更)增(勝)進，於「一切法」(中)能(獲)得「善巧」(方便)。 (若)有所聞法，即(能獲心)自開解，不(需再)由他(人之)教(導)故。

北宋・中印度僧法天(？～1001)譯《大方廣總持寶光明經・卷一》云：

佛子！復云何名(第八)菩薩「童真住」？佛子！此(第八)「童真住」菩薩，(應)得十種法。何等為十？謂：
❶得「身業」清淨。
❷「口業」清淨。

❸「意業」清淨。
❹得(觀)察一切眾生(之)「起心動念」。
❺彼諸眾生凡所「施為」(行施作為)，悉能了知。
❻能知眾生如是(之)「解脫」。
❼能知種種「眾生界」、
種種「法界」、
種種「世界」、
❽及「地界、水界、火界、風界、虛空界」。
❾欲界、色界、無色界。
❿如是諸界，悉能了知，神通奮迅，隨念而至。
佛子！如是名(第八)菩薩「童真住」。

佛子！此(第八)「童真住」菩薩，復聞十種法，而能(再)修習。何等為十？謂：
①(能如佛而)「聞」一(切)佛剎(之)智。
②(能如佛而)「震動」一切佛剎。
③(能如佛而)「觀」一切佛剎。
④(能如佛而)「訪尋」一切佛剎。
⑤(能如佛而)「遊行」一切佛剎。
⑥(能如佛而)「往詣」(無量)阿僧祇(的)世界。
⑦(能善)問「阿僧祇」(的佛法)「義趣」。
⑧(能如佛而)遠離種種「自性」(之)差別。
⑨⑩(能如佛於)發「一念心」，而(即)能周遍「阿僧祇」(的)佛剎，聽聞(與)修習故。

何以故？
謂：(此第八「童真住」菩薩欲)聞如是「真實法」故，成熟解了「第一義」故。如是乃至，(若)聞彼他方，(有)說如是法，(便)親自往詣，勤求「修習」，心不散亂，(獲)念念相續，無有間斷。

佛子！是故此名(第八)菩薩「童真住」。

adhimukti 信樂;信解;欲樂;性欲;根性欲樂;信心;根性信解。

adhi-mukti 女 傾向，嗜好；信賴，確信；漢譯 信，解，信解，信受，明信，信心，深信，篤信，勝解，心解，解心，明解，欲解，悟解，決定解，勝解智；了達，相了；欲，思，意，樂，信樂，志樂，心樂，欲樂，欲性，性欲，知欲樂 *Daś-bh., Aṣṭ-pr., Saddh p., Lal-v., Sam-r., Gaṇḍ-vy., Sūtr., Laṅk., Bodh-bh., Abh-vy., Śikṣ., Mvyut.*；假想 *Abh-vy.*；解脫 *Saddh-p., Gaṇḍ-vy.*

《大方廣佛華嚴經・十行品》云：隨諸眾生「根、性、欲、樂」，以廣長舌，於一音中現無量音，應時說法，皆令歡喜。

〈十地品〉云：能隨眾生「根、性、欲、解、所行有異、諸聚差別」，亦隨受生、煩惱、眠、縛、諸業習氣而為說法。

〈如來出現品〉云：知一切眾生心念所行、根性欲樂、煩惱染習。

〈離世間品〉云：隨諸眾生「根性、欲樂」而為演說，令悟入故」。

〈入法界品〉云：悉知無量眾生心海，「根、性、欲、解」種種差別。

dhātu 根性;界;大;性;種性;舍利。

dhātu 1. 男 層；（一° 形）成分；要素（＝mahā-bhūta, 通常 kha または ākāśa, anila, tejas, jala, bhū を指す）；身体の根本要素（七をとる場合は栄養液，血液，肉，脂肪，骨，髄，精子；五の場合は耳，鼻，口，心臓に，腹を加える；三の場合は doṣa に等しく風，胆汁，粘液を指す）；時に三徳（guṇa）を指す事もある；仏教界；地または山の要素：鉱物，金属（とくに赤色の鉱物）；語根，動詞の根；漢訳 界，身界，世界，大，根，性，根性，種性，種，言根，舍利 *Abh-vy.*, *Aṣṭ-pr.*, *Bodh-bh.*, *Buddh-c.*, *Daś-bh.*,

《楞嚴經・卷八》五十五位真菩提路➔八住位(生於佛家，而爲佛子)

《楞嚴經》原文	白話
⑧童真住 「**十身**」(聲聞身、緣覺身、菩薩身、如來身、法身、智身、虛空身、業報身、眾生身、國土身)**靈相，一時具足，名「童真住」。**	若有菩薩能於盧舍那佛之「十身聖靈之相」(《華嚴經・卷三十八》云：眾生身、國土身、業報身、聲聞身、獨覺身、菩薩身、如來身、智身、法身、虛空身)一時皆具足圓滿。雖然「容顏相

	貌」已能如佛般的具體而微，但仍猶如「童子」一般，這就叫作「八住位」菩薩之「童真住」。(據《華嚴經》云「八地菩薩」方得十身，但此《楞嚴經》乃圓頓大法，故「童真住」菩薩即可得十身境界。如宋・思坦《楞嚴經集註・卷八》云：准《華嚴》「八地」方現十身，今「八住」具足者，正顯今圓，已齊彼別也。何以「十身」釋「童眞名」？良以「十身」舍那翻「淨滿」義，「童眞」無染與「淨滿」相當矣。如清·通理《楞嚴經指掌疏・卷八》云：按《華嚴》「八地」方具十身，今經「八住」便具者。以二經皆屬圓教，固應前後互融。況《華嚴》「信」滿成佛，「十身」豈不具足？但文在「八地」中顯)

十六－14「法王子住」菩薩(九住位)其心應於十種法得「善解而知」，然後再修習十種法來讓自己於一切法獲得「無障礙智」

吳・支謙譯《佛說菩薩本業經》	西晉・竺法護譯《菩薩十住行道品》	東晉・祇多蜜譯《佛說菩薩十住經》	東晉・佛馱跋陀羅譯 六十《華嚴經・菩薩十住品》	唐・實叉難陀譯 八十《華嚴經・十住品》
㊀ (法意菩薩言：) 何謂(第九)「了生」(我了解了，我已了達我是如來所生之「佛子」)？	㊀ (法慧菩薩言：) 九、(第九)「渝阿羅闍」菩薩者，(以)何等法(而)住？ (yauva-rājya 王太子位。前面經文只稱「渝羅闍」三字，此處稱「渝阿羅闍」四用，以梵文來看，是沒有錯的)	㊀ (佛言：) 九、(應)住何等為(第九)「俞羅闍」菩薩(之)法住者？ (yauva rājya 王太子位) (yauva-rājya 太子 國王)	㊀ (法慧菩薩言：) 諸佛子！何等是菩薩摩訶薩(第九)「法王子」住？	㊀ (法慧菩薩言：) 佛子！云何為菩薩(第九)「王子」住？
㊁(第九「法王子」)菩薩法住，有十(法)事，(能)受(獲智)慧(而)見。	㊁(第九「法王子住」)菩薩，用十(法)事(而)得。何等為十(法)事？	㊁佛言：(第九「法王子住」菩薩)用十(法)事(而)得。	㊁此(第九「法王子住」)菩薩，(應)善解(而知)十種法。何等為十？	㊁此(第九「法王子住」)菩薩，(應)善(解而)知十種法。何者為十？
㊂ 一、(能善)知一切(眾生所)生何道。	㊂ 一者、(於)諸十方人(之)所出生(處)，悉知。	㊂ 一者、(於)十方人(之)所出生(處)，悉知。	㊂所謂： ❶(能)善解眾生(所生之)趣。	㊂所謂： ❶(能)善知諸眾生(所)受生(之處;所趣)。
二、(能善)知眾生所(薰)習	二者、(於)十方人所繫(縛之)	二者、(於)十方人所繫(縛之)	❷(能)善解(眾生之)諸(恩愛)煩	❷(能)善知(眾生之)諸(恩愛)煩

(之恩愛繫)縛。	恩愛(煩惱)，悉知。	恩愛(煩惱)，悉知。	惱。	惱「現起」(事)。
三、(能善)知(眾)人(其所念之)本所，(與)更來(之處)。	三者、(於)十方人(其)所念(之)「本、末」，(與其)所從來，悉知。	三者、(於)十方人(其)所念(之)「本、末」，(與其)所從來，悉知。	❸(能)善解(眾生之)諸習氣。(眾生習氣是非常非常難改的，所以只能學習第六「正心住」菩薩，讓自己此生求生淨土之心，決不退轉)	❸(能)善知(眾生)習氣(之)相續。
四、(能善)知(眾)人所行(災)殃、福(善)之(果)報。	四者、(於)十方人(其)所作為(之)宿命、(與其)善惡(業力之)所「趣向」，悉知。	四者、(於)十方人(其)所作(之)宿命、(與其)所(作善惡業力之)「趣向」，悉知。	❹(能)善解(眾生宿命與善惡業力所行的)方便智。	❹(能)善知(眾生宿命與善惡業力)所行(之)方便(智)。
五、(能善)知人(所)受行(之任何)何法(義)。	五者、(於)若干種諸法，悉知。	五者、(於)十方人若干種諸法，悉知。	❺(能)善解(與)分別無量法(義)。	❺(能)善知(分別)無量法(義)。
六、(能善)知人心(念其)所入(之)好、惡。 七、(能善)知人「意念」(之)若干(種)變(化)。	六者、(於)十方人所念(之)若干種(善惡)「變化」，悉知。(應善知「人心善惡念頭」之變化)	六者、(於)十方人所念(之)若干種(善惡)「變化」，悉知。	❻(能)善解(眾生心念善惡之)諸威儀(變化)。	❻(能)善解(眾生心念善惡之)諸威儀(變化)。
八、(能善)知十方國(土世界之)清、濁(現	七者、(於)諸佛剎(之)「壞敗、善、惡」，悉	七者、(於)諸佛剎(之)「善、惡、壞敗」，	❼(能)善解(與)分別諸世界(之成住壞空與善	❼(能)善知世界(之成住壞空與善惡種種)差

象)。	知。	悉知。	惡)。	別。
九、(能善)知三塗(此指三世。支謙對於「過去現在未來」的「三世」經常譯作「三塗」，但如此極容易誤解作「三惡道」義)無量慧。	八者、(於)過去、當來、今現在(之)無央數「世事」，悉知。	八者、(於)過去、當來、現在(之)無央數「世事」，悉知。	❽(能)善解(過)去、(未)來、今(現在之諸世事)。	❽(能)善知「前際、後際」(等共三際之世)事。
十、(能善)知(諸世諦與第一義)諦(之)要說，如應(而皆知)。	九者、(於)十方人(之)「等、不等」(等與不等，應指「世俗諦」之譬喻)，悉知。	九者、(於)十方人(之)「等、不等」(等與不等，應指「世俗諦」之譬喻)，悉知。	❾(能)善解說(諸)「世諦」。(有關世諦中「等」與「不等」之事，悉知)	❾(能)善知演說(諸)「世諦」。
(既然是能善知「諸諦」，那就應該已包含「世諦」與「第一義諦」了。所以支謙的譯本可作如此解讀的)	十者、(能善)教授十方人(而講)說「虛空」法(經典常以「空法、性空法、實相義」喻爲「虛空」，所以此處的「虛空」也可喻爲「第一義諦」的)，悉知是。	十者、(能善)教授十方人(而講)說「虛空」法，悉知。	❿(能)善解說「第一義諦」。	❿(能)善知演說「第一義諦」。
		(肆)(此)是為(第九)「俞羅闍」菩薩(所應善解而知之十種)教法。	(肆)(此)是為十(種第九「法王子住」菩薩應善解而知之教法)。	(肆)(此)是為十(種第九「法王子住」菩薩應善解而知之教法)。
(伍)(第九「法王子	(伍)(第九「法王子		(伍)諸佛子！	(伍)佛子！此

住」菩薩)復有十(法)事(應再修學)。	住」)菩薩復有十處，當(再)學知。 何等為十處？		彼(第九「法王子住」)菩薩應(再修)學十法。何等為十？	(第九「法王子住」)菩薩應(再)勸學十種法。何者為十？
㊅ ❶(應修)學(佛)「法王」(此喻如來，「法王子」則喻第九「法王子住」菩薩)「正行」。 ➔應修學如來之「正行」。	㊅ 一者、(於)佛法(法王之)宮(中)，當學。 ➔於如來之「宮中」，應善學。	※ 法王宮 =佛法王宮 =佛之處所 =佛所處ㄔㄨˋ之處 =佛之宮殿 =佛宮中 佛法王=佛如來	㊅所謂： ❶(能修)學善知(佛)法王(此喻如來，「法王子」則喻第九「法王子住」菩薩)所(安之善巧)「住處」。 ➔能善修學如來所住的「方便善巧」法。	㊅所謂： ❶(能善修學佛)法王(所)處ㄔㄨˋ(之)「善巧」(法)。 ➔能善修學如來所住的「方便善巧」法。
❷(應)學(佛)法王(之種種)「禮儀」(禮節威儀)。	二者、(於)造佛法(王之)宮(中)，當學。 ➔於造立如來種種「威儀法度」之「宮中」，應善學)		❷(能)善知(佛)法王所行(之種種)「威儀」。 ➔能善修學如來所行的種種「威儀法度」。	❷(能善知佛)法王(所)處ㄔㄨˋ(之)「軌度」(儀軌法度)。 ➔能善修學如來所行的種種「儀軌法度」。
❸(應)學(佛)法王(之)「興立」。 ➔應修學如來種種的「興起」與「建立」。	三者、(於)佛(法王)宮中(之)所有，當學。 四者、(於)佛(法王)宮中所(有之)教勅(法教誨勅)，當學。 ➔於佛如來「宮中」所有的一切法，應善學。		❸(能)善知(如何)「安立」(於佛)法王處。 ➔於佛如來法王處，應學如來所「安住」之「宮殿」處。	❸(能善知佛)法王(所)處ㄔㄨˋ(之)「宮殿」(中)。 ➔於佛如來法王處，應學如來所「安住」之「宮殿」處。

❹(應)學(佛)法王(之)「出入」(法)。 ➔應修學如來所具的種種「善巧出入」。	五者、(於)佛所出入(的法王)宮(中)，當學。 ➔於佛所「善巧出入」的「宮中」，應善學。		❹(能)善知(如何)「巧入」(於佛)法王處。 ➔於佛如來法王處，應學如何能「善巧趣入」之。	❹(於佛)法王處(應學如何)「趣入」。 ➔於佛如來法王處，應學如何能「善巧趣入」之。
❺(應)學(佛)法王(具有)「周旋」(周遍遊旋的神力)。 ➔應修學如來具有種種「周遍遊旋」的神力。			❺(能)善知(觀察與)「分別」(於佛)法王處。 ➔於佛如來法王處，應學如何的觀察與分別。	❺(於佛)法王處(應學如何)「觀察」。 ➔於佛如來法王處，應學如何的觀察與分別。
❻(應)學(佛)法王(之)「威嚴」。 ➔應修學如來所具的種種「威嚴」。	六者、(於佛)法(王)宮(中)，當學。 七者、(於佛)法王宮(中)，當學。		❻(能)善知(佛)法王(之)「甘露灌頂」(義)。 ➔於佛如來法王處，應善知如來的「甘露灌頂」法義。	❻(能善知佛)法王(之甘露)「灌頂」(義)。 ➔於佛如來法王處，應善知如來的「甘露灌頂」法義。
	八者、(於佛)法(王之)所教勅(法教誨勅)，當學(而受持)。 ➔於佛所有「法教誨勅」，應善學與受持之。		❼(能)善知(如何)「受持」(於佛)法王(之)法。 ➔於佛如來法王處，應善知如來所具的「大力、神力」而「受持」之。	❼(能善知佛)法王(之)「力持」(神力與加持)。 ➔於佛如來法王處，應善知如來所具的「大力、神力」與「加持」法。
	九者、(應)安行(於佛)法王		❽(能)善知(佛)法王(之)「無	❽(能善知佛)法王(之)「無

	(中)，當學。 ➔應善學如來所具的安心修行「無畏」法。		畏法」。 ➔於佛如來法王處，應善知如來所具的「大無畏法」。	畏」。 ➔於佛如來法王處，應善知如來所具的「大無畏法」。
❼(應)學(佛)法王(之)「坐、起」(法)。 ➔應修學如來所具的種種「禪坐」與「起定」法。 ❽(應)學(佛)法王(之)「教令」(教誨法令)。 ➔應修學如來所有的種種「教誨法令」。			❾(能)善知(佛)法王(之)「無著法」。 ➔於佛如來法王處，應善知如來所具的「禪坐」與「無著法」。	❾(能善知佛)法王(之)「宴寢」(宴坐息寢=宴坐=禪坐)。 ➔於佛如來法王處，應善知如來所具的「禪坐」與「無著法」。
❾(應)學(佛)法王(而成爲)「拜人」(被眾人禮拜皈依之人)。 ➔應修學與「讚歎」如來成爲「被眾人禮拜皈依之人」。 ❿(應)學(佛)法王(而能)「巡行」(於諸)剎土。 ➔應修學如來而能巡行於諸國土世界)	十者、(應)更(加去)造作(讚歎佛)法中王(的)所(有)教勅(法教誨勅)，當承用(承受襲用而修)學。		❿(能)善知(如何去)「讚歎」(佛)法王(之)法。 ➔應善知如何去「讚歎」佛如來法王。	❿(能善知如何於佛)法王(中作)「讚歎」。 ➔應善知如何去「讚歎」佛如來法王。

(此)是為(已獲)「受決」(之第九)「了生」(「法王子住」菩薩)之地。 ➔受決=受記、授記。	㊆所以者何？(第九「法王子住」菩薩)心(已)稍稍入「佛大道」中，(於)所聞法，(已)自(能)用教。		㊆何以故？(此第九「法王子住」菩薩)欲於一切法(獲)得「無障礙智」。 (若)有所聞法，即(能獲心)自開解，不(需再)由他(人之教才能)悟。	㊆何以故？欲令(此第九「法王子住」菩薩更)增(勝)進，(獲)心無障礙(智)。 (若)有所聞法，即(能獲心)自開解，不(需再)由他(人之)教(導)故。

北宋・中印度僧法天(？～1001)譯《大方廣總持寶光明經・卷一》云：

佛子！復云何名(第九)菩薩「法王子住」？
佛子！此(第九)「法王子住」菩薩，有十種法，皆能了知。何等為十？謂：
❶能知一切眾生「所生」之處。
❷能知一切眾生(之)「煩惱」。
❸能知一切眾生(之)「戀著」(貪戀執著)。
❹能知一切眾生(善惡、宿命之)方所(與「趣向」處)。
❺能知諸佛深(之)「妙法」故。
❻能知諸佛(所具)「方便真實性」(之智慧)故。
❼能知「世界」種種「差別法」故。
❽能知「過去、未來、現在」三世諸佛(之)「智慧」故。
❾能知一切世間廣大、(與)不堅牢(之)法故。
❿能知真性「如如」，湛然「寂靜」故。

佛子！是故此名(第九)菩薩「法王子住」。

佛子！此(第九)「法王子住」菩薩復有十種法，應(再)勤修習。何等為十？謂：
①善(能)學一切(佛)「王城」(王城指佛爲「法王之城」)種種「作用」故。
②善(能學)一切(佛)「王城」(之)「禮樂」故。
③善(能學)一切(佛)「王城」(之)「安住」故。
④善(能學)入一切(佛)「王城」故。
⑤善能「自在」遍遊歷(於)一切(佛)「王城」故。
⑥(善能)住(於佛)「法王」(之)「灌頂」故。
⑦(善能)住(於佛)「法王」(之)「觀察」故。
⑧(善能)得(佛)「法王」(之)「自在力」故。

⑨(善能)**繼紹**(於佛)「**法王**」(之)**位故**。
⑩(善能)**得住**(於佛)「**法王**」(之)「**辯說**」**故**。

何以故？
謂：(此第九「法王子住」菩薩欲)**修習一切無礙**(之)「**真實法**」**故。如是乃至，**(若)**聞彼他方，**(有)**說如是法，**(便)**親自往詣，勤求修習，心不散亂，**(獲)**念念相續，無有間斷。**

佛子！是名(第九)**菩薩「法王子住」。**

《大智度論》卷 29〈1 序品〉

(1)如「王子」名「**鳩摩羅伽**」(Kumāraka 童子，或 Kumāra-bhūta 真➔第八住菩薩)。**佛**(稱)**為**「**法王**」(dharma-rāja)，**菩薩**(則是已準備進)**入法**(王)**正位，乃至「十地」**(菩薩)**故，悉**(皆仍)**名**(爲)「**王子**」(法王子)，**皆**(已堪)**任為「佛」。**
(2)如文殊師利(菩薩)，(具有)「**十力、四無所畏**」**等**(境界)，**悉具**(能做)「**佛事**」**故，**(但亦屬於)**住「鳩摩羅伽」**(Kumāraka)**地，**(而)**廣度眾生。**

《翻梵語》卷 2〈8 菩薩住地名〉

「**鳩摩羅伽**」**地**(Kumāraka 童子➔第八住菩薩)，**亦云「鳩摩羅浮」**(Kumāra-bhūta 真)，**譯曰「童真」。**

《楞嚴經・卷八》五十五位真菩提路➔九住位(生於佛家，而爲佛子)

《楞嚴經》原文	白話
⑨法王子住 **形成出胎**(形已成，胎已出)**，親為佛子**(親得爲佛之嫡子)**，名「法王子住」**(kumārabhūta 菩薩別名，佛爲「法王」，菩薩則爲「法王子」。如《大智度論・卷二十九》云：佛爲法王，菩薩入「法正位」，乃至「十地」故，悉名「王子」，皆任爲佛)**。**	若有菩薩其身形已長成而出「胎藏」，親得為「佛之嫡子」，從佛口出，從法化生，這就叫作「九住位」菩薩之「法王子住」。

十六－15「灌頂住」菩薩(十住位)其心已得成就「十種智」，而一切眾生，乃至第九「法王子菩薩」，皆悉不能知其所具的「十種」境界

吳・支謙譯《佛說菩薩本業經》	西晉・竺法護譯《菩薩十住行道品》	東晉・祇多蜜譯《佛說菩薩十住經》	東晉・佛馱跋陀羅譯 六十《華嚴經・菩薩十住品》	唐・實叉難陀譯 八十《華嚴經・十住品》
㊀ (法意菩薩言：) 何謂(第十)補處？	㊀ (法慧菩薩言：) 十、(第十)「阿惟顏ㄚ(古通「崖」)」菩薩者為何法住？ (abhi-ṣecanīya 灌頂;即位儀式)	㊀ (佛言：) 十、住何等為(第十)「阿惟顏ㄚ」菩薩法住者？	㊀ (法慧菩薩言：) 諸佛子！何等是菩薩摩訶薩(第十)「灌頂」住？	㊀ (法慧菩薩言：) 佛子！云何為菩薩(第十)「灌頂」住？
㊁(第十「灌頂」)菩薩法住，有十(法)事。 (第九「法王子住」菩薩之)智難及(之)。	㊁(第十「灌頂住」)菩薩(已)入於「十智」中，悉分別(而)知。何等為「十智」中？	㊁佛言：(第十「灌頂住」)菩薩(已)入於「十智」中，能分別(而)知。有十(法)事。	㊁此(第十「灌頂住」)菩薩(已)成就「十種智」(而)住。何等為十？	㊁此(第十「灌頂住」)菩薩(已)得成就「十種智」。何者為十？
㊂ 一、當念(能)「感動」無數國(土世界)。	㊂ 一者、當(以)何因(而能)「感動」(感召震動)無央數(之)佛剎。	㊂ 一者、(以)何因(而)當(能)「感動」十方(之)諸佛剎。	㊂所謂： ❶(已)悉能「震動」無量世界。	㊂所謂： ❶(已能)「震動」無數世界。
二、(已)當為無數國(土世界而)現(出光)	二者、(已)當(能照)明無央數「佛剎」中	二者、(已)當(能照)明無央數「佛剎」中	❷(已)悉能「照明」無量世界。	❷(已能)「照耀」無數世界。

明。	事。	事。		
三、(已)當(能)為無數國(土世界而建)立(諸)法。 (adhi-ṣṭhāna 加持;護念;住持;建立)	三者、我日日當(能設)置無央數「佛剎」中(之)菩薩。 (adhi-ṣṭhāna 加持;護念;住持;建立)	三者、我日日(已)當(能)「署置」(部署設置)無央數「佛剎」中(之)菩薩。	❸(已)悉能「住持」無量世界。 (adhi-ṣṭhāna 加持;護念;住持;建立)	❸(已能)「住持」無數世界。
四、(已)當為開度(開導度化)無數國(土世界眾生)。	四者、我日日(已)當(能)度(脫)無央數佛剎中人。	四者、我日日(已)當(能)度脫無央數佛剎中人民。	❹(已)悉能「遍遊」無量世界(與度脫眾生)。	❹(已能)「往詣」無數世界(與度脫眾生)。
五、(已)當(能)「利安」(kṣema 安隱;利安)無數國(土世界眾生)。	五者、我(已)當(能)「安隱」無央數佛剎中(之)眾生。	五者、我(已)當(能)「安隱」(kṣema 安隱;利安)無央數佛剎中(之)眾生。	❺(已)悉能「嚴淨」(kṣetra-vyūha 嚴淨)無量世界(與令眾生得「安隱」)。	❺(已能)「嚴淨」(莊嚴清淨)無數世界(與令眾生得「安隱」)。
六、(已)當(能以音)聲(而)曉(悟)無數人。	六者、十方人無央數,皆(已能得)聞我(音)聲。 ➔以「音聲」讓眾生得度脫。	六者、十方人,莫(有)不聞我(音)聲(而得)歡喜、得度脫者。	❻(已能)悉知「無量」眾生(之)心行。	❻(已能以音聲而)「開示」無數(之)眾生。
七、(已)當(能)觀察知眾生(心)意(之所行)。	七者、(已能)悉知十方人民(心意之所行)。	七者、(已)悉(能)令十方人民使得「佛道」,皆捨家(而)作沙門。	❼(已能)悉知眾生隨「心」(之)所行(諸事)。	❼(已能)「觀察」無數眾生(其心意之所行)。

八、(已)當知衆生(思想有無邊)無極(不同善惡之)念。	八者、(於)十方人所(之)思想「善、惡」，我悉(已)當知。	八者、(於)十方人所(之)思想「善、惡」，我悉(已)知之。	❽(已能)悉知無量衆生「諸根」(思想之善惡)。	❽(已能)知無數衆生(諸)「根」(思想之善惡)。
九、(已)當令無數人(而)入(於佛)法(道中)。	九者、(於)十方人，我悉(已)當(令彼皆)内(著於)「佛道」中。	九者、(於)十方人，我悉(已)當(令彼皆)内著(於)「佛道」中，悉使(眾生)發「菩薩」意。	❾(已)悉能方便「度」無量衆生(而入於佛道中)。	❾(已能)令無數衆生「趣入」(於佛道中)。
十、以(由)「次第」(而顯)現「人慧」(人中之慧)了。	十者、(於)十方人，我悉(已)當度脫。	十者、十方人我悉當度脫之。	❿(已)悉能「調伏」無量衆生。 是為十。	❿(已能)令無數衆生(得)「調伏」。 是為十。
㊃(第九)「生」(指「了生」，即「法王子住」菩薩)所不能及(第十)「補處」(菩薩)者(有)十(法)：	㊃(第九)「渝羅閣」(dharma-yauvarājya 法王位)菩薩，不能及知(第十)「阿惟顏」(菩薩)	㊃是(第九)「阿俞羅閣」(dharma-yauvarājya 法王位)菩薩，了不能及知(第十)「阿惟顏」(菩薩)	㊃諸佛子！	㊃佛子！
不能知其： ①身(與口之)事、 ②(心)志(與)行(為)、	①(其)身(之)所行、口(之)所言、 ②心(之)所念、(及其)所作為。 (第九「法王子住」菩	①(其)身(之)所行、口(之)所言、 ②心(之)所念、(及其)所作為。 (第九「法王子住」菩	彼(第十「灌頂住」)菩薩(之)身，(第九「法王子住」菩薩皆)不可(得)知(其境)。 身業(之)神足、	此(第十「灌頂住」)菩薩(之)身，及身業，(第九「法王子住」菩薩皆不可得知其境)

	薩)了不能及知(第十)「阿惟顏」菩薩事。	薩)了不能及知(第十)「阿惟顏」菩薩事。		
	不能及知(第十「灌頂住」菩薩之)	亦不能知(第十「灌頂住」菩薩之)		
③神足、	③「神足」念、	③「神足」念、	③④神足(與)自在。	③④神通(與)變現。
④定念、	④不能知(其所)飛(行)。	④不能知(其所)飛行。		
	亦不能逮知(第十)「阿惟顏ㄧㄚˊ」菩薩；	亦不能逮知(第十)「阿惟顏ㄧㄚˊ」菩薩；	(第十「灌頂住」菩薩於)	(第十「灌頂住」菩薩於)
⑤(通)達(過去之)古、⑥(曉)知(當)今、⑦(當)見後(未來所)明(之)處。	⑤⑥⑦(於)「過去、當來、今現在」(之)事。	⑤⑥⑦(於)「當來、過去、今現在」(之)事。	⑤過去(之)智、⑥未來(之)智、⑦現在(之)智、	⑤過去(之)智、⑥未來(之)智、⑦現在(之)智、
⑧及(所)修(的佛)剎(智)法。	⑧亦不能逮知(其)所念(的)「佛剎」(智慧)。		⑧(能)淨諸佛剎(土世界之)智。	⑧(能)成就佛土(世界之智)。
⑨聖「意」之事，	⑨亦不能逮知(其)心(之)所念、(及其)所行為。		⑨心(念之)境界。	⑨心(念之)境界。
⑩(第十)「補處」(菩薩其隨心)所欲(之智慧妙	⑩智慧(妙)用(等)。		⑩智(慧妙用之)境界。	⑩智(慧妙用之)境界。

用)。	(共)十(法)事。	(此)是為(第十)「阿惟顏」菩薩(所修之)教法。	(皆)不可知(其境界); 一切衆生，乃至(第九)「法王子」(住)菩薩悉不能知(其境界)。	皆不可知(其境界)， 乃至(第九)「法王子」(住)菩薩亦不能知(其境界)。

北宋・中印度僧法天(?～1001)譯《大方廣總持寶光明經・卷一》云：

佛子！復云何名(第十)菩薩「灌頂住」？此菩薩(已)得十種神通。何等為十？謂：
❶能令阿僧祇「世界」(有)種種「動搖」故。
❷能「照曜」種種阿僧祇「世界」故。
❸能「觀察」種種阿僧祇「世界」故。
❹能於種種阿僧祇「世界」，(令眾生皆能)同時「一心修習」故。
❺能於阿僧祇「世界」，成就種種「善業」故。
❻能於阿僧祇「世界」(之)種種眾生「差別」心，同時(皆)能知故。
❼能於阿僧祇「世界」(之)一一眾生，(其)種種(之)「心行」，(皆)能「一時行」故。
❽能於阿僧祇「世界」(之)一一眾生，有種種(思想善惡之)「根器」，(亦)同時能「解了」故。
❾能教化阿僧祇「世界」(之)種種「眾生」故。
❿能遍知阿僧祇一切眾生(其)「心」(之)所「作用」故。

復次善男子！此(第十)「灌頂住」菩薩，(已能)潛行「密用」，施(行)為佛事，(但)無人能知。所以者何？謂：
①(第十「灌頂住」菩薩之)身業，(皆)不能知。
②(第十「灌頂住」菩薩之)口業，(皆)不能知。
③(第十「灌頂住」菩薩之)意業，(皆)不能知。
④(第十「灌頂住」菩薩有種種之)「變現」，(皆)不能知。
⑤(第十「灌頂住」菩薩能)觀察種種(的)「變化」，(皆)不能知。
⑥(第十「灌頂住」菩薩能)觀「過去」所行之「行」，(皆)不能知。
⑦(第十「灌頂住」菩薩其)於「刹那頃」所行之「行」，皆不能知。
⑧(第十「灌頂住」菩薩於諸佛剎土所)觀(之)智慧，(皆)不能知。
⑨(第十「灌頂住」菩薩之)心(與)意(的境界)，(皆)不能知。
⑩(第十「灌頂住」菩薩具有)一切「智用」(智慧妙用)，(皆)不能知。

佛子！此(第十)「灌頂住地」菩薩，乃至(第九)「法王子位」菩薩，終不能知故。

卍有關「住持」與「設置建立」的梵文轉譯例證

《佛說瑜伽大教王經》卷 5〈9 護摩品〉

阿地瑟吒(二合引)那　　阿地瑟恥(二合)帝

adhi-ṣṭhāna　　**adhi-ṣṭhita**

加持;護念;住持;建立　　加護;威力加持

《佛說佛頂尊勝陀羅尼經》

阿地瑟侘(引)娜　阿地瑟恥頞

《佛頂最勝陀羅尼經》

地瑟咤(引)那　地瑟恥多

《佛頂最勝陀羅尼經》

頞地瑟咤(引)那　頞地瑟恥低

adhi-ṣṭhāna ㊥ 立脚點, 立場, 場處, 席, 住處, 住宅; 主權, 權力; 王廷 (*Divy.*); 決心, 覺悟 (*Jāt-m.*); 漢譯 座, 處, 依, 留, 境, 緣爲境, 處所, 依處, 所依處, 所依處所, 依止, 留住, 安住, 所趣; 留難 *Gaṇḍ-vy.*, *Aṣṭ-pr.*, *Divy.*, *Bodh-bh.*, *Abh-vy.*, *Sāṃkhy-k.*, *Mvyut.*: catvāry ～āni 四處 [1. satya～m 諦處, 2. tyāga～m 捨處, 3. upaśama～m 寂靜處, 4. prajñā～m 慧處] *Mvyut.*; 根基, 欄杆, 臺座 *Mvyut.*; 聚落 *Divy.*; 力, 神力, 神通, 願力, 心願, 威神力, 神通力, 威神之力, 神通之力, 所護力, 住持力, 力住持, 意願勢力; 威德; 教敕 *Gaṇḍ-vy.*, *Saddh-p.*, *Daś-bh.*, *Aṣṭ-pr.*, *Laṅk.*, *Suv-pr.*, *Bodh-c.*, *Vijñ-v.*, *Mañj-m.*; 加, 護, 所加, 加護, 加威, 威神所加, 加被, 守護, 護念, 所加護; 持, 所持, 依持, 任持, 加持, 住持, 護持, 攝持, (祕密)加持, 加持力; 建立, 所建立 *Gaṇḍ-vy.*, *Saddh-p.*, *Śikṣ.*, *Sapt-pr.*, *Aṣṭ-pr.*,

adhi-ṣṭhita 過受分 ‥‥の上に立ちたる；監督せられたる；指揮せられたる，支配せられたる；建設せられたる；占領せられたる；鼓舞せられたる． → Sthā.
漢譯 承；所護，爲護，守護，遮護，所護持；所加，加持，所加持，加護，加被，所加護，爲所加；所持；所著，所魅著，所執，所執持；所念，護念，所護念；所使；威力加持；所建立；所扇感；守掌防護，遮捍守護；攝受，攝受神變 *Gaṇḍ-vy.*, *Lal-v.*, *Aṣṭ-pr.*, *Vijñ-v.*, *Daś-bh.*, *Divy.*, *Sam-r.*, *Suv-pr.*, *Śikṣ.*, *Mvyut.*

卍有關「利安」與「安隱、嚴淨」的梵文轉譯例證

kṣetra-vastu [中] [漢譯] 田事 *Bodh-bh.*

kṣetra-vid [形] 場處を知れる; 熟達せる; 肉體を知れる. [男] 精神, 靈.

kṣetra-viyūha [男] [<kṣetra-vyūha]; [漢譯] ([音寫])嚴剎, 嚴剎土, 莊嚴剎 *Gaṇḍ-vy. 545.*

kṣetra-viśuddhi [女] [漢譯] ([音寫])剎土淨, 莊嚴剎 *Gaṇḍ-vy.*

kṣetra-viśodhaka [形] [漢譯] 淨土 *Sūtr.*

kṣetra-śuddhi [女] [漢譯] 淨土 *Sūtr.*; ([音寫])清淨剎土

kṣema [形] 心地よき, 愉快なる, 適合する; 靜かなる; 安全なる; [漢譯] 安隱, 安穩, 安樂, 平安, 寧 *Divy., Lal-v., Aṣṭ-pr., Saddh-p., Gaṇḍ-vy., Suv-pr., Śikṣ., Abh-vy., Bodh-bh.,* 梵千., 梵雜. [男] 基礎; 住處; 場處; 休息, 安全, 安住; 繁榮; [漢譯] 安, 樂, 安隱 安穩, 安樂, 利安 *Aṣṭ-pr., Saddh-p., Gaṇḍ-vy., Rāṣṭr., Mvyut.* [男] [中] 安全, 安穩, 平和; 安全なる狀態, 幸福. **～ṃ te,** 汝に幸あれ. [具] ([單], [複]) 平和に, 幸福に, 無事に.

《楞嚴經・卷八》五十五位真菩提路➔十住位(生於佛家，而爲佛子)

《楞嚴經》原文	白話
⑩灌頂住	
表(表露顯示)**以「成人」，如國大王，以諸國事分委**(分派委託)**太子。彼剎利王**(kṣatriya-rāja)**，世子**(剎利王之子，曰世子)**長成，陳列**(陳設擺列)**灌頂**(abhiṣeka 灌頂王子)**，名「灌頂住」。**	若有菩薩能用種種「儀式」來表露顯示「太子」已經成人壯大，就好比如一個國家大王，把國家大事「分派委託」給太子去負責。也像是一位剎利國王，他的「世子」既已長成，那就可「陳設擺列」種種莊嚴器具及儀式來為這個王子「灌頂」，並受予王位，令其可以開始主持國事了，這就叫作「十住位」菩薩之「灌頂住」。(「十住」菩薩之灌頂住雖然未能如「十地」菩薩之灌頂，而僅得「佛職」之少分，然皆為佛如來之加持，此則是一致的)

十六－16「灌頂住」菩薩(十住位)應再修習諸佛所具的「十種智法」，然後證得佛之「一切種智」

吳・支謙譯《佛說菩薩本業經》	西晉・竺法護譯《菩薩十住行道品》	東晉・祇多蜜譯《佛說菩薩十住經》	東晉・佛馱跋陀羅譯 六十《華嚴經・菩薩十住品》	唐・實叉難陀譯 八十《華嚴經・十住品》
	㊀(第九)「渝羅闍」菩薩不能逮知(第十)「阿惟顏」菩薩所行事，是(第十)「阿惟顏」菩薩(已能)逮入「佛十智」中。			
(法意菩薩言：) ㊁又有十(法)事(應再修學)。	(法慧菩薩言：) ㊁何等為(於佛之)「十智」中(應再修學)？		(法慧菩薩言：) ㊁諸佛子！彼(第十「灌頂住」)菩薩應(再修)學(諸佛所具的)「十種智」。何等為十？	(法慧菩薩言：) ㊁佛子！此(第十「灌頂住」)菩薩應(再)勸學諸佛(所具的)「十種智」。何者為十？
㊂ ❶(修)學佛三塗(此指三世。支謙對於「過去現在未來」的「三世」經常譯作「三塗」，但如此極容易誤解作「三惡道」義)無際之(智)慧。	㊂ 一者、(於)「過去、當來、今現在」無端(之)亟，(皆)從佛(而修)學(其智慧)。		㊂所謂： ❶(修)學三世(之佛)智(慧)。	㊂所謂： ❶(修學)三世(之佛)智(慧)。
❷(修)學「具足」諸「佛法」(之智)。	二者、(於)諸佛法」(之智)悉具足(而修)，		❷(修學)一切佛法(之)智(慧)。	❷(修學諸)佛法(之)智(慧)。

	(皆)從佛(而修)學。			
❸(修)學法,(學)「法無所著」(之智)。	三者、(於)諸法處(之)「無所罣礙」(智),(皆)從佛(而修)學。		❸(修學)法界「無障礙」(之)智。	❸(修學)法界「無礙」(之)智。
❹(修)學諸佛「無底藏」(無崖底、無盡藏之智)。	四者、(於)諸法處(之)無邊幅、無崖底(崖際邊底之智),(皆)從佛(而修)學。		❹(修學)法界「無量無邊」(之)智。	❹(修學)法界「無邊」(之)智。
❺(修)學神智(神通智慧),成(就)其剎(土世界)。	五者、(於)諸所有剎土(世界),我悉當護持(如)是(之)功德「威神」,(皆)從佛(而修)學。		❺(修學)充滿(充盈遍滿之)「一切世界」(之)智。	❺(修學)充滿(充盈遍滿之)「一切世界」(之)智。
❻(修)學光明,(能普)照十方(世界)。	六者、(於)不可復計(之)剎土(世界)處,無邊幅(處),悉當(能以光)明(照)知,(皆)從佛(而修)學。		❻(修學能)「普照」一切世界(之)智。	❻(修學能)「普照」一切世界(之)智。
❼(修)學佛(之	七者、(於)十方		❼(修學)能(攝)	❼(修學能)「住

大)定，(能)「感動」(感召震動)諸國(世界)。	無央數佛剎(世界中)，悉當(令獲)「安隱」，(皆)從佛(而修)學。		「持」一切世界(之)智。	持」一切世界(之)智。
❽(修)學權道(權巧方便道)，(而能)隨意(度)化(眾生)。	八者、(於)十方(眾)人(其)所行為，悉當(知)，(皆)從佛(而修)學。		❽(修學能)分別一切衆生(之)智。	❽(修學能)知一切衆生(之)智。
❾(修)學遍教(周遍圓滿的「一切種智」法教)，(皆)令成就。	九者、(於)諸法(的「一切種智」)智慧，悉入(於)中，(皆)從佛(而修)學。		❾(修學)「一切種智智」(sarvajñā-jñāna)。	❾(修學)知「一切法智」。
❿(修)學合會(契合領會佛的無邊智慧)，轉(正)法輪。	十者、(於)佛所有(之)智慧，悉當知，(皆)從佛(而修)學。		❿(修學)佛無量無邊(之)智。	❿(修學)知無邊諸佛(之)智。
㊃(第十「灌頂住」菩薩之)所以學者？(乃)欲(令於具足佛的)「一切知」(sarvathā-jñāna 一切知者智;一切種智)。	㊃所以者何？(修學而)悉(令)具足(了)知，皆曉了「佛智慧」。		㊃何以故？(此第十「灌頂住」菩薩)欲令具足「一切種智」(sarvathā-jñāna)。	㊃何以故？欲令(此第十「灌頂住」菩薩)增長「一切種智」；
(既)已(於佛之)一切(智獲得)敏	(既已獲曉悟，即)都無(再)所復從		(若)有所聞法，即(能獲心)自開	(若)有所聞法，即(能獲心)自開

(悟)，(即)無(再)所(從他人而)復學(矣)！ (此)是名為(第十住)「補處」(菩薩)。 從(佛的)十(種)「十法(智)」成(就)，(第十住菩薩於)「現世」(即)得紹代(紹繼擔代)「無上正真之道」，為「最正覺」(佛果)，(而)度脫天下(眾生)。	誰(去)學道(此同《華嚴經》所云「即自開解，不由他悟、不由他教」的意思)。 (此)是為(第十住)「阿惟顏」(菩薩)。 以(佛的)「十法」(智而住的)菩薩行「道」(而)如是。		解，不(需再)由他(人之教才能)悟。	解，不(需再)由他(人之)教(導)故。

北宋・中印度僧法天(？～1001)譯《大方廣總持寶光明經・卷一》云：

佛子！(第十)「灌頂位」菩薩，復聞佛世尊(之)「十住」(十種智慧而住)。何等為十？謂：
❶聞「三世」(之)智。
❷「佛」(之)智。
❸「法」(之)智。
❹法界「分別」(之)智。
❺法界「中邊」(之)智。
❻一切世界(數)量等(的)法界(之)智。
❼「照察」一切「世界」(之)智。
❽「圓滿」一切「眾生」(之)智。
❾「一切法」(之)智。
❿「無邊佛」(之)智。
此(第十「灌頂住」)菩薩住「一切諸佛智」(即「一切種智」)故。

何以故？
謂：(此第十「灌頂住」菩薩欲)聞如是一切「實際理智」故。

佛子！是故此名(第十)菩薩「灌頂住」。

sarvajña-jñāna 中 [illegible] 一切智 *Lank., Ratna-ut., Saddh-p.*; 一切種智, 一切知者智, 仏智, 仏一切智 *Saddh-p.*; 一切智人 *Lank.*; 一切智智 *Aṣṭ-pr., Boddh-bh., Saddh-p., Suvik.*; 一切種智智 *Sam-r.*; (音写) 薩婆若智 *Aṣṭ-pr.*

唐·不空譯《仁王護國般若波羅蜜多經》卷 2〈奉持品 7〉

善男子！其「法師」者，(爲修)習「種性」(之)菩薩，若「比丘、比丘尼、優婆塞、優婆夷」，(應)修「十住行」:

(第一「發心住」菩薩)見「佛、法、僧」，(即)發「菩提心」。

(第二「治地住」菩薩)於諸眾生，(欲)利樂(利益安樂眾生)、悲愍(眾生)。

(第三「修行住」菩薩)自觀己身，六界(據《華嚴經》內容，應指十界→眾生界、法界、世界、地界水界火界風界、欲界、色界、無色界)諸根，一切「無常、苦、空、無我」。

(第四「生貴住」菩薩能)了知(種種的)「業行、生死、涅槃」。

(第五「具足方便住」菩薩)能利「自、他」，饒益安樂。

(第六「具足正心住」菩薩，若)聞(有人)「讚佛、毀佛」(者)，(此菩薩之)心(決)定(而)不動。

(第七「不退轉住」菩薩，若)聞「有佛、無佛」(者)，(此菩薩之)心(決)定(而)不退(轉)；

(第八「童眞住」菩薩，其身口意)三業(已)無(過)失，(能生)起「六和敬」。

①身和同住(在身行上，和平共住)
②口和無諍(在口語上，和諧無諍)
③意和同悅(在意念上，共同欣悅)
④戒和同修(在戒法上，互相遵修)
⑤見和同解(在知見上，相同見解)
⑥利和同均(在利益上，平等用均)

(第九「法王子住」菩薩以種種)方便善巧(之智)，(來)調伏眾生。

(第十「灌頂住」菩薩)勤學(諸佛所具的)「十智」，(以)神通(變)化利(益眾生)。下品(則以)修習「八萬四千波羅蜜多」(爲法)。

十六－17 佛以神力故，於十方各現「一萬」佛剎微塵數世界，具「六種震動十八種相」，天空雨下無量寶

吳・支謙譯《佛說菩薩本業經》	西晉・竺法護譯《菩薩十住行道品》	東晉・祇多蜜譯《佛說菩薩十住經》	東晉・佛馱跋陀羅譯 六十《華嚴經・菩薩十住品》	唐・實叉難陀譯 八十《華嚴經・十住品》
佛言： 善哉！善哉！ 法意菩薩，(汝)可謂(是真正的)佛子。	佛言： 善哉！善哉！ 「佛子」(此指法慧菩薩)所說(十住)菩薩(之)事，(爲)大衆(所尊)貴，乃如是。	佛說是時(《佛說菩薩十住經》此經是由「佛說」的「十住法」，然後與文殊菩薩交互對話。 若對照其餘譯本，「十住法」皆是指由法慧菩薩代佛所宣說的內容)，	㊀爾時，佛(現)神力故，十方各「萬佛」世界塵數佛國，(顯現)「六種、十八相」(的)震動。	㊀爾時，佛(現)神力故，十方各「一萬」佛剎微塵數世界，(顯現)六種震動(共有十八相)。 所謂： 1動、遍動、等遍(平等周遍)動。 2起、遍起、等遍起。 3涌、遍涌、等遍涌。 4震、遍震、等遍震。 5吼、遍吼、等遍吼。 6擊、遍擊、等遍擊。
一切十方(的)「去、來、現」(諸)佛，皆由此(而)興，是(十住)法(乃)無際，所照(亦)無量，度人無極，「智心」(亦)無盡。 佛說是已，皆大歡喜，為佛作禮。	佛放光明，徹照十方無央數(之)佛剎，(於)無崖底處、極過(而)出，於虛空中去，(具)極大(光)明，十方諸佛無央數「佛剎」，皆各各(現出)「六返震動」。 是時諸菩薩皆(生)大歡喜，悉散「花」於佛上。(上面七十八字，爲【宋】【元】【明】【宮】本藏經之所加)	(有)和輪調(Varuṇa-deva 水天)菩薩等「七萬二千人」，皆大踴躍歡喜，各現「光明」，展轉相照。 (諸大菩薩)各各起(身與端)正「衣服」，前以「頭腦」著地，為佛作禮而去。	㊁(虛空)雨「天寶華、天末	㊁(虛空)雨「天妙華、天末

			香、天寶鬘、天雜香、天寶衣、天寶雲、天莊嚴具」。	香、天華鬘、天雜香、天寶衣、天寶雲、天莊嚴具」。
			(有諸)天妙音樂,不鼓(而)自鳴,又(能)自(然)演出「無畏之音」。	(有諸)天諸音樂,不鼓(而)自鳴,(自動)放大光明及(諸)妙音聲。
			㊂如此(法慧菩薩於)四天下須彌山頂(的)妙勝殿(vaijayanta 殊勝殿)上,(有種種)威神變化,說「十住」(菩薩)法(前經文已說過:法慧菩薩以盧舍那佛之「本願」功德力及「威神力」,及法慧自身的「善根力」,故能入「無量方便三昧正受」,及已能「代佛」爲諸菩薩宣說有關菩薩修行的「十住」法義)。	㊂如此(法慧菩薩於)四天下須彌山頂(的)「帝釋殿」(vaijayanta 殊勝殿)上,說「十住」(菩薩之)法(義),(並)現諸神變。
			(於)一切十方世界,亦復如是(同時宣揚「十住菩薩」法義)。	(於)十方所有一切世界,悉亦如是(同時宣揚「十住菩薩」法義)。

北宋・中印度僧法天(?~1001)譯《大方廣總持寶光明經・卷二》(982 年

譯畢)云：

爾時，法慧菩薩摩訶薩，為諸菩薩說是「菩薩十住法」已(前經文已說過:法慧菩薩以盧舍那佛之「本願」功德力及「威神力」，及法慧自身的「善根力」，故能入「無量方便三昧正受」，及已能「代佛」爲諸菩薩宣說有關菩薩修行的「十住」法義)，于時十方(各)以「佛神力」，於一一方，各有「十千」佛剎微塵等世界，一一佛剎微塵等世界，「地」皆「六種震動」。
所謂：
1動、遍動、等遍動，
2震、遍震、等遍震，
3擊、遍擊、等遍擊，
4涌、遍涌、等遍涌，
5吼、遍吼、等遍吼，
6起、遍起、等遍起。

是時以佛(之)神力，復雨：
①種種「天華雲」、
②種種天「香雲」、
③種種天「塗香雲」、
④種種天「鬘雲」、
⑤種種天「粖香雲」、
⑥種種天「衣雲」、
⑦種種天「傘蓋雲」、
⑧種種天「寶雲」、
⑨種種天「妙蓮華雲」、
⑩種種天「諸瓔珞雲」、
⑪種種天「莊嚴雲」。
如是等種種「供養雲」，周匝遍雨。

復有種種天妙「音樂」，於虛空中，不鼓(而)自鳴，(並)出大音聲，光明晃曜，遍四大(部)洲，妙高(山)、鐵圍(山)，周遍(於)十方，普皆供養。

是時法慧菩薩說是(十住菩薩)法時，(於)一切十方世界，(同名爲法慧之菩薩者)同時亦(宣)說此「十住法」故，乃至(諸)「文、字、句義」，不增、不減，皆悉「同等」。

十六－18 **爾時有「十佛」剎微塵數等諸大菩薩充滿十方，來詣此土的忉利天「最勝法堂」，聽法慧菩薩「代佛」宣說是「十住菩薩」法義。法慧菩薩宣說是「十住」法義時，於他方十方世界，亦同時宣說此「十住法」，乃至諸「文字、句義」，不增、**

不滅，皆悉「同等」

吳・支謙譯《佛說菩薩本業經》	西晉・竺法護譯《菩薩十住行道品》	東晉・祇多蜜譯《佛說菩薩十住經》	東晉・佛馱跋陀羅譯 六十《華嚴經・菩薩十住品》 公元421年譯出	唐・實叉難陀譯 八十《華嚴經・十住品》 公元699年譯出	北宋・中印度僧法天(?～1001)譯《大方廣總持寶光明經・卷二》 公元982年譯出
			㊀爾時，(以)佛(之)神力故，(於)十方各過「萬佛」世界塵數剎外，有「十佛」剎微塵數等諸大菩薩，(皆)充滿(於)十方，來詣此土(指娑婆界的忉利天的vaijayanta最勝法堂)。 ㊁(從他方來之諸菩薩皆)說如是言： 善哉！善哉！ 佛子(此指法慧菩薩)善說是(十住菩薩之)法(義)！ 我等諸人(指來自他方之大菩薩)，(亦)同名(爲)法慧(菩薩)。	㊀又以佛(之)神力故，(於)十方各過「一萬」佛剎微塵數世界，有「十佛」剎微塵數菩薩，(皆)來詣於此(指娑婆界的忉利天的vaijayanta最勝法堂)，充滿(於)十方。 ㊁(從他方來之諸菩薩皆)作如是言： 善哉！善哉！ 佛子(此指法慧菩薩)善說此(十住菩薩之)法(義)！ 我等諸人(指來自他方之大菩薩)，(亦)同名(爲)法慧(菩薩)。	㊂復(再)以佛威神力故，於一一「十千」(一萬)佛剎微塵等世界，各各有「十千」(一萬)佛剎微塵等菩薩，從於十方(而過來)雲集(指雲集在娑婆界的忉利天的vaijayanta最勝法堂)。 ㊁(從他方)而來(之諸菩薩皆)告法慧菩薩言： 佛子(此指法慧菩薩)！ 善哉！善哉！ 佛子！如汝(之)所說(的)「菩薩十住法」。

			(來自他方之大菩薩其)所從來國(土世界)，(亦)同名(爲)法雲。 彼(國土之)諸如來，(亦)同號(爲)妙法。 (同名爲法慧之菩薩者，亦同時於)我等(妙法)佛所，亦說「十住」(菩薩之法義)。	(來自他方之大菩薩其)所從來國(土世界)，(亦)同名(爲)法雲。 彼(國)土(之)如來，(亦)皆(同)名(爲)妙法。 (同名爲法慧之菩薩者，亦同時於)我等(妙法)佛所，亦說「十住」(菩薩之法義)。	佛子！(汝)與(從他方來的菩薩)我(等之)名(字皆相)同，(所)說(之)法亦同。 如是等一切(從他方來之菩薩皆)同名(爲)法慧菩薩，從彼十方一切「如來」(之處)所，而來至此(忉利天之「妙勝殿」)。
			㊂(所有聽法的)大衆眷屬，(與所宣說「十住菩薩法」的)「名、味(文)、句」身，(皆相)等(而)無有異。 (名身、句身、文身。 例如：桌子之「名」： 名稱;名辭;名相) 例如：桌子之「句」： 定義;功能→置物用;飯桌用;讀書用;電腦用;講課用;供佛神用;工作平台用) 例如：桌子之「名+句」=字辭=形相=文字→置物桌。飯桌。書桌。電腦桌。講桌。佛神桌。工作平台桌)	㊂(所有聽法的)衆會眷屬，(與所宣說「十住菩薩法」的)文、句、義理，悉亦如是(相等)，(皆)無有「增、減」。	㊂彼(他方的)法雲世界，以(其)佛(之)威德，(法慧菩薩能)於一切處，同時轉此(有關「十住菩薩」之)法輪。 如是種種「性、相」，(與有關的)「文字、句義」(皆)不增不減。
			㊃是故，(法慧菩薩)佛子！ 我等(他方來之諸菩薩)承佛神力，(亦)來詣此土(指娑婆界的忉利天的vaijayanta 最勝法堂)，(來)為(法慧菩薩)汝作證。	㊃(法慧菩薩)佛子！ 我等(他方來之諸菩薩)承佛神力，(亦)來入此會(指娑婆界的忉利天的vaijayanta 最勝法堂)，(來)為汝(法慧菩薩)作證。	㊃(法慧菩薩)佛子！ 于時(處在此方之我等)衆會以佛(之)威德，皆見彼(他方菩薩)衆而來詣此。 (就)如(同來自他方世界的)

					我到此世界(指娑婆界的忉利天的 vaijayanta 最勝法堂)，亦復如是(而能互相作證)。
			㈤(法慧菩薩)如(於)此四天下(之)須彌山頂(的)妙勝殿(vaijayanta 最勝法堂)上說(菩薩)「十住法」。	㈤(法慧菩薩)如於此會(忉利天之「妙勝殿」中宣說「十住法」)，	㈤於一切十方世界，(於)一切(的)四大(部)洲(之)妙高山(須彌山)頂(的)「帝釋宮」(vaijayanta 妙勝殿)中。
			(有)十佛世界微塵數等諸大菩薩，(皆)來此作證。		(有)「十千」(一萬)佛剎微塵等菩薩，亦同來(此雲)集。
			(於)一切十方，亦復如是(皆有十佛菩薩世界微塵數等諸大菩薩，亦來此參與法慧菩薩宣說「十住菩薩」法義中作證)。	(於)十方所有一切世界，悉亦如是(皆有十佛菩薩世界微塵數等諸大菩薩，亦來此參與法慧菩薩宣說「十住菩薩」法義中作證)。	

十六－19 十大菩薩第一位法慧菩薩，觀察十方暨于法界而說頌曰

吳・支謙譯《佛說菩薩本業	西晉・竺法護譯《菩薩十住	東晉・祇多蜜譯《佛說菩薩	東晉・佛馱跋陀羅譯	唐・實叉難陀譯	北宋・中印度僧法天(？～1001)譯

經》	行道品》	十住經》	六十《華嚴經・菩薩十住品》公元421年譯出	八十《華嚴經・十住品》公元699年譯出	《大方廣總持寶光明經・卷二》公元982年譯出
			㊀爾時，法慧菩薩承佛神力，普觀十方及諸法界，以偈頌曰：	㊀爾時，法慧菩薩承佛威力，觀察十方暨于法界而說頌曰：	是時法慧菩薩承佛威力，觀察十方法界衆會，欲重宣此義，而說偈言：
			❶(下面偈頌即重述前面經文十六－5的內容：「初發意」菩薩於最初見佛，應生起「十種功德」) (第一「發心住」菩薩)見(如來)大智尊(之)微妙身， 相好端嚴悉具足， (如來爲)最勝尊重甚難(值)遇， (是故)勇猛大士(即生)「初發心」。	❶ (第一「發心住」菩薩)見(如來)最勝智微妙(之)身， 相好端嚴皆具足， 如是(如來最勝)尊重甚難(值)遇， (是故)菩薩(即發)勇猛(之)「初發心」。	❶ (第一「發心住」菩薩)見諸如來(之)「清淨智」， (及見如來)巍巍(巍崇峨巍)變化(神)力如是， (如來具足)「十力」(之智)功德(與)衆莊嚴， 是故(第一「發心住」菩薩便)發此「菩提心」。
			❷ (第一「發心住」菩薩)見(如來有)無等等(之)大神變(此喻「身輪」)， 聞說(如來之)妙法(此喻「意輪」)及教誡(此喻「口輪」)，	❷ (第一「發心住」菩薩)見(如來有)無等比(之)大神通(此喻「身輪」)， 聞說(如來之)「記心」(此喻「意輪」)及教誡(此喻「口輪」)， (佛能以三輪攝化眾生。 ①神變輪；神通輪；身輪。顯現神通變化勝異之境，而令眾生發心入「信」之「神通輪」。相當於「神足通」。	❷ (第一「發心住」菩薩)見此(如來具)種種「神通」力(此喻「身輪」)， (能)說法(此喻「口、意輪」) 利益諸群生，

				②教誡論;說法輪;口輪。「說法教誡」而令眾生發心入「信」。相當於「漏盡通」。 ③記心輪;憶念輪;意輪。佛說法時,先以「意輪」鑑知眾生根器利鈍與心念之所向,然後隨宜演說,無有差謬。相當於「他心通」)	
			(於是)觀察五道(眾生受)無量苦, (是故)無畏大士(即生)「初發心」。	(觀察)諸趣衆生(具)無量苦, (第一「發心住」)菩薩(即)以此(而生)「初發心」。	復見(眾生)輪迴(之)諸苦惱, 是故(第一「發心住」菩薩便)發此「菩提心」。
			❸ (或)聞諸如來(爲)普智(之)尊, (於)無量功德悉具足, (已)解佛(之)心相如虛空, 菩薩因此(即生)「初發心」。	❸ (或)聞諸如來(爲)普勝(之)尊, (於)一切功德皆成就, 譬如虛空(而)不分別, 菩薩以此(即生)「初發心」。	❸ (釋迦佛)於此普賢如來(之)前,(已)得聞一切「功德」海, (如來之心)由如「虛空」(而)無有相, 是故(第一「發心住」菩薩便)發此「菩提心」。
			❹(下面偈頌即重述前面經文**十六-5**的內容:應修學佛所具的「十力」之智) (如來所具之第一力) (如來)能知「是處」及「非處」(之真實義), (如來能知)若「我、非我」如是(平)等(之義), 欲(能如佛一樣)解(其)「平等」(之)真實義, 菩薩因此(即生)「初發	❹ (如來所具之第一力) (如來能知眾生)三世因果(之真實義即)名為「處」, 「我」等(之)自性(則名)為「非處」, 欲悉(能如佛一樣)了知(處與非處之)真實義, 菩薩以此(即生)「初發	❹ (如來所具之第一力) (眾生於)一切「住處」及「所生」(處),(如來於所有眾生)一一(的)「性、行」皆(能)明了, (欲於眾生)各各「差別性」(中以)智(慧而)求, 是故(第一「發心住」菩薩便)

			心」。	心」。	發此「菩提心」。
			❺ (如來所具之第二力) (於)過去、未來、現在世，一切善惡(之)諸「業報」， 欲(如佛一樣能)善觀察(其中)悉「平等」(之義)， 菩薩因此(即生)「初發心」。	❺ (如來所具之第二力) (於)過去、未來、現在世，所有一切「善惡業」， 欲悉(如佛一樣)了知(而)無(有)不盡， 菩薩以此(即生)「初發心」。	❺ (如來所具之第二力) (於)是時(之)過去及現在，乃至未來(等)衆(多)善惡(業)， 為求此(如來所具之)智(而應)善修習， 是故(第一「發心住」菩薩便)發此「菩提心」。
			❻ (如來所具之第七力) (於)諸禪、三昧及解脫，(與)隨順「正受」(samāpatti 等至；正定現前)無所著(之境)， 欲(能如佛一樣)善分別(其)「垢、淨」(之所生)起， 菩薩因此(即生)「初發心」。	❻ (如來所具之第七力) (於)諸禪、解脫及三昧(與「等至」)， (所有的)「雜染、清淨」(法有)無量種， 欲悉(如佛一樣能)了知(其)「入、住、出」(之境)， 菩薩以此(即生)「初發心」。	❻ (如來所具之第七力) (於)禪定、解脫及三昧、等持(samāpatti 等至；正定現前)，(同爲)清淨悉皆然， 為求此(如來所具之)智(而)恭敬彼(如來)， 是故(第一「發心住」菩薩便)發此「菩提心」。
			❼ (如來所具之第三力) 隨諸衆生(皆有不同的)根(器)利、鈍， (以及具有)種種(不同的)「勤修」精進力， 悉欲(如佛一樣能)了達(而)分別知， 菩薩因此(即生)「初發心」。	❼ (如來所具之第三力) 隨諸衆生(皆有不同的)根(器)利、鈍， 如是(亦具有)種種(不同的)「精進力」， 欲悉(如佛一樣能)了達(而)分別知， 菩薩以此(即生)「初發心」。	❼ (如來所具之第三力) (眾生)能遍(處於)世間(具有不同的)諸根(利鈍)力， (諸根之本性爲)「如如」湛淨，皆同(平)等(意即眾生根器本平等)， 為求此(如來所具之)智(與)彼「義學」， 是故(第一「發心住」菩薩便)發此「菩提心」。

			❽ (如來所具之第四力) 一切眾生(皆有)種種「欲」(adhimukti 信樂;信解;欲樂)， (眾生)心(有)「好樂」(之)著(與)諸「希望」， 悉欲(如佛一樣能)了達(而)分別知， 菩薩因此(即生)「初發心」。	❽ (如來所具之第四力) 一切眾生(皆有)種種(之)「解」(adhimukti 信樂;信解;欲樂)， (眾生)心(之)所「好樂」各(有)差別， 如是無量，欲悉(如佛一樣能了)知， 菩薩以此(即生)「初發心」。	❽ (如來所具之第四力) (眾生對)菩提(所具的)「解脫」(adhimukti 信樂;信解;欲樂)遍世間， 其中各有種種(不同差別之)意， 為求此(如來所具之)智(爲)無數論， 是故(第一「發心住」菩薩便)發此「菩提心」。
			❾ (如來所具之第五力) 一切眾生(具有)種種「性」(dhātu 根性;界;大;性;種性)， 無量無邊不可數， 悉欲(如佛一樣能)了達(而)分別知， 菩薩因此(即生)「初發心」。	❾ (如來所具之第五力) 眾生諸「界」(dhātu 根性;界;大;性;種性)各(有)差別， 一切世間(皆)無有量， 欲悉(如佛一樣能)了知其「體性」， 菩薩以此(即生)「初發心」。	❾ (如來所具之第五力) (於)種種無數(之)三界中，於中復有種種(不同之)「界」(dhātu 根性;界;大;性;種性)， (於)「界」之「自性智」應求(了知)， 是故(第一「發心住」菩薩便)發此「菩提心」。
			❿ (如來所具之第六力) 一切「諸道」(之)所至處， (例如)「八正聖」路(即能趣)向(於)「無為」， 悉欲(如佛一樣)了達知其(真)實(性)， 菩薩因此(即生)「初發	❿ (如來所具之第六力) 一切「有為」(與「無爲」之)「諸行道」， 一一皆有(其)所至(之)處， 悉欲(如佛一樣能)了知其(真)「實性」， 菩薩以此(即生)「初發	❿ (如來所具之第六力) (能)遍詣(至)一切(諸道而)求(得)此法， 如是(若)依止(「無爲涅槃法」即能)得「安樂」， (欲於)自性(能如佛一樣的獲得)「真實」解(與)了知， 是故(第一「發心住」菩薩便)

			心」。	心」。	發此「菩提心」。
			⓫ (如來所具之第九力) 一切世界眾生類， 流轉(於)五道生死海， 欲得(如佛一樣的)「天眼」悉明達(之)， 菩薩因此(即生)「初發心」。	⓫ (如來所具之第九力) 一切世界諸眾生， 隨業(而)漂流無暫息， 欲得(如佛一樣的)「天眼」皆明見(之)， 菩薩以此(即生)「初發心」。	⓫ (如來所具之第九力) (於)一切剎(土世界)中而出生(之眾生者)，由如眾生(之)依(於大)地(而)有， (欲如佛一樣能以)無數(的)「智眼」(而)同此求， 是故(第一「發心住」菩薩便)發此「菩提心」。
			⓬ (如來所具之第八力) (眾生)於過去世一切事， 如其「體性」(與其)所有(諸)相， 悉欲(如佛一樣能)隨順(而通)達「宿命」(之義)， 菩薩因此(即生)「初發心」。	⓬ (如來所具之第八力) (眾生於)過去世中(一切的)曾(經)所有， 如是(之)「體性」(與)如是(諸)相， 欲悉(如佛一樣能於「隨念」中即)了知其「宿住」(之義)， 菩薩以此(即生)「初發心」。	⓬ (如來所具之第八力) (於)過去、現在及未來， 若干眾生(具有)何「性、相」(的特徵)， 如是(欲能如佛一樣於)「過去事」皆(於「隨念」中即得)知， 是故(第一「發心住」菩薩便)發此「菩提心」。
			⓭ (如來所具之第十力) 世間一切諸煩惱， 所有「結縛」(之)餘習氣， 悉欲(如佛一樣能)覺知(而令)究竟(滅)盡， 菩薩因此(即生)「初發心」。	⓭ (如來所具之第十力) 一切眾生(之)諸「結惑」， 相續現起及「習氣」， 欲悉(如佛一樣能)了知(而令)究竟(滅)盡， 菩薩以此(即生)「初發心」。	⓭ (如來所具之第十力) (被煩惱)積聚(的)眾生(遍)滿(於)世間， 乃至(於)一一(習氣皆)遍親近， 如是煩惱(欲如佛一樣能滅)盡(而)能知， 是故(第一「發心住」菩薩便)

					發此「菩提心」。
			⓮(下面偈頌與前面經文無關，只是另擴充爲應求「一切智」的內容。大略歸納爲十二種智：俗諦智、眞諦智、神通智、解脫智、劫刹智、三乘智、身密智、語密智、意密智、唯心智、一多無礙智、權實雙行智) (此顯「俗諦智」) 世間所有「世諦」法， 名字、談論、語言道， 悉欲明達(其)「世諦」義， 菩薩因此(即生)「初發心」。	⓮ (此顯「俗諦智」) 隨諸衆生(之)所安立， (有)種種「談論、語言」道， 如其「世諦」悉欲知， 菩薩以此(即生)「初發心」。	⓮ (此顯「俗諦智」) (欲於)三界(中之世諦)智慧彼皆知，(欲於)無盡法門能解了， (欲)為求如是(如來)「真實智」， 是故(第一「發心住」菩薩便)發此「菩提心」。
			⓯(此顯「眞諦智」) 一切諸法(乃)「語言」(道)斷， 無有「自性」如虛空， 悉欲明達(此)真諦義， 菩薩因此(即生)「初發心」。	⓯(此顯「眞諦智」) 一切諸法(皆)離言說， (皆)性空、寂滅、無所作， 欲悉明達此真(諦)義， 菩薩以此(即生)「初發心」。	⓯(此顯「眞諦智」) 一切諸法(本)無「依倚」， 本性如「空」亦無著， 為求(如來)勝義真實(之智)知， 是故(第一「發心住」菩薩便)發此「菩提心」。
			⓰(此顯「神通智」) (欲悉)震動一切佛世界， (欲)傾覆(傾倒顛覆)鼓蕩(鼓動激蕩)諸大海， 悉欲明達(諸)佛神力，	⓰(此顯「神通智」) 欲悉震動十方國， (欲)傾覆(傾倒顛覆)一切諸大海， (欲)具足諸佛大神通，	⓰(此顯「神通智」) (欲)能(震)動佛刹微塵數， 亦(欲)令江海涌沸騰(涌沸翻騰)， 為求如來如是(之)智，

			菩薩因此(即生)「初發心」。	菩薩以此(即生)「初發心」。	是故(第一「發心住」菩薩便)發此「菩提心」。
			⓱(此顯「解脫智」) (欲於)一毛(孔中)放演無量光， (欲)普照十方一切剎， 欲於一光(而令)一切(眾生獲)覺(悟之境)， 菩薩因此(即生)「初發心」。	⓱(此顯「解脫智」) 欲(於)一毛孔(中)放光明， (欲)普照十方無量土， (欲於)一一光中(能)覺(悟)一切(眾生)， 菩薩以此(即生)「初發心」。	⓱(此顯「解脫智」) (欲)普放光明照十方(而令眾生獲覺悟)， 一一光明(皆)從口出， 為求彼(佛)智(之)一光明， 是故(第一「發心住」菩薩便)發此「菩提心」。
			⓲(此顯「解脫智」) (欲將)無量「佛剎」(之)難思議， 皆悉能置(於)一掌中(而不動)， 欲解一切(佛剎)如「幻化」， 菩薩因此(即生)「初發心」。	⓲(此顯「解脫智」) 欲以難思(議之)諸「佛剎」， 悉置(於)掌中而不動， (欲)了知(佛剎)一切如「幻化」， 菩薩以此(即生)「初發心」。	⓲(此顯「解脫智」) (欲以)不可思議種種(佛)剎，(及)飲食供給(與諸)珍玩具(等，置於一掌中而不動)， 我願亦具如彼(如來之)智(而了知佛剎皆如幻化)， 是故(第一「發心住」菩薩便)發此「菩提心」。
			⓳(此顯「解脫智」) (欲將)無量佛剎諸衆生， 皆悉安置(於)一毛端(而不會發生迫隘的情形)， 悉欲了達(眾生)皆「寂滅」(與「無人、無我」之理)， 菩薩因此(即生)「初發心」。	⓳(此顯「解脫智」) 欲以無量剎(之)衆生， 置(於)一毛端(而)不(會有)迫隘ㄞˋ(迫窄迮ㄗㄜˊ 隘)， 悉知(眾生皆)無「人」、無有「我」(之理)， 菩薩以此(即生)「初發心」。	⓳ (於)一切衆生及佛剎(中)，(皆)能令遠離「傷殺生」(之事)， 為求此法(而令眾生之)壽延長， 是故(第一「發心住」菩薩便)發此「菩提心」。
			⓴(此顯「解脫智」) (於)一切十方大海水	⓴(此顯「解脫智」) 欲以「一毛滴」(而滴於所	⓴(此顯「解脫智」) 假使大海(中)所有水，

			(中)， (欲)渧以「一毛」(而令大海竭)盡無餘， 悉欲(能)分別知(其水)渧(的)數(量)， 菩薩因此(即生)「初發心」。	有大)海水(中)， (欲令)一切大海悉令(枯)竭(而盡)， 而悉(仍能)分別知其(水滴的)數(量)， 菩薩以此(即生)「初發心」。	(於)一毛滴數(皆)盡能(數)知， 如是(於)此(佛)智(而)願當求， 是故(第一「發心住」菩薩便)發此「菩提心」。
			㉑(此顯「解脫智」) (欲將)不可思議諸佛剎， 皆碎為末(古通「抹」)如微塵， 悉欲分別(微塵而)知其數(量)， 菩薩因此(即生)「初發心」。	㉑(此顯「解脫智」) (欲將)不可思議諸國土， 盡抹為塵(而)無遺者， 欲悉分別(微塵而)知其數(量)， 菩薩以此(即生)「初發心」。	㉑(此顯「解脫智」) (於)十方所有一切剎， (於)一一剎中(皆抹爲)微塵數， 如是(之)此智，(願)要盡知(其微塵數量)， 是故(第一「發心住」菩薩便)發此「菩提心」。
			㉒(此顯「劫剎智」) (欲於)過去未來無量劫， (於)一切世界(之)成敗相， 悉欲究竟(通)達其(邊)際， 菩薩因此(即生)「初發心」。	㉒(此顯「劫剎智」) (欲於)過去未來無量劫， 一切世間(之)成壞相， 欲悉了達(與)窮(盡)其際， 菩薩以此(即生)「初發心」。	㉒(此顯「劫剎智」) (欲於)過去及與未來劫， (與)現在一切諸世間(的成敗相)， (於)如是劫數(之邊際皆)要盡知， 是故(第一「發心住」菩薩便)發此「菩提心」。
			㉓(此顯「三乘智」) 三世一切(之如來)等正覺， (及)諸辟支佛及聲聞， 悉欲分別(盡知)「三乘」道，(三乘原指「聲聞、緣覺、	㉓(此顯「三乘智」) 三世所有諸如來， 一切獨覺及聲聞， 欲知其(三乘)法盡(知而)無餘，	㉓(此顯「三乘智」) 三世一切諸如來， 及以聲聞辟支佛， (於此三乘)法之「自性」悉(欲)皆知，

			菩薩」，此處經文只有「佛乘」而無「菩薩乘」，其實「一佛乘」在「因位」上亦名爲「菩薩乘」。「一佛乘」在「果位」上則名爲「佛乘」) 菩薩因此(即生)「初發心」。	菩薩以此(即生)「初發心」。	是故(第一「發心住」菩薩便)發此「菩提心」。
			㉔(此顯「身密智」) (於)無量無邊諸世界，能(僅)以「一毛」(之微即)悉(能將之全部)稱舉(稱說列舉而盡)， 欲知(世界)「有、無」(之)真實相， 菩薩因此(即生)「初發心」。	㉔(此顯「身密智」) (於)無量無邊諸世界，欲(僅)以「一毛」(之微即)悉(能將之全部)稱舉(稱說列舉而盡)， 如其(世界之)體相(皆欲)悉了知， 菩薩以此(即生)「初發心」。	㉔(此顯「身密智」) (於)無量無數諸世界，(於其)一毛端中(即能將之)盡稱量(稱計衡量而盡)， (有關世界)「性」之「自性」悉(欲)能知， 是故(第一「發心住」菩薩便)發此「菩提心」。
			㉕(此顯「身密智」) (於)「金剛(輪)圍」山數(有)無量， 盡能(將之完全)安置(於)「一毛端」(之中)， 欲知(其)「至大」(中)有「小相」(之境)， 菩薩因此(即生)「初發心」。	㉕(此顯「身密智」) (於)無量無數(之金剛)「輪圍」山， 欲令悉(盡)入(於一)毛孔(之)中， 如其「大、小」皆(盡能)得知(可互相轉換而無礙)， 菩薩以此(即生)「初發心」。	㉕(此顯「身密智」) (於)不可思議(之金剛)「輪圍」(山)界， (僅以)一毛端量(即)盡能(將之全部)秤(量而盡)， 為(達)此廣大微妙(之智)知， 是故(第一「發心住」菩薩便)發此「菩提心」。
			㉖(此顯「語密智」) (於)十方一切諸世界，能以「一音」(而令周)遍充滿， 悉欲解了(其清)淨妙聲(之境)，	㉖(此顯「語密智」) 欲以寂靜(之)「一妙音」， (然後)普應(於)十方(眾生)隨類(而)演(說)， 如是皆(欲)令(其清)淨(妙聲獲得)明了，	㉖(此顯「語密智」) (於)無量無數諸世間(中)， (以)「一刹那」間(的法音)聲(而令)周遍(於十方界)， 為求此智(之)清淨(妙音)聲，

			菩薩因此(即生)「初發心」。	菩薩以此(即生)「初發心」。	是故(第一「發心住」菩薩便)發此「菩提心」。
			㉗(此顯「語密智」) (於)一切眾生(之)語言法， (欲僅以)「一言」(即能)演說(令)盡(而)無餘， 悉欲解了(清)淨密音(之境)， 菩薩因此(即生)「初發心」。	㉗(此顯「語密智」) (於)一切眾生(之)語言法， (欲僅以)「一言」(即能)演說(而令)無(有)不盡， 悉欲了知其(清淨密音之)自性， 菩薩以此(即生)「初發心」。	㉗(此顯「語密智」) (於)一切世間諸語言， (欲謹以)「一字」(即能)演說(令)盡(而)無餘， 為(得)此(清淨密音)「自性」(之)真實知， 是故(第一「發心住」菩薩便)發此「菩提心」。
			㉘(此顯「語密智」) 如來(具)清淨(之)「微妙音」， 充滿(於)十方諸世界， 欲得具足(如來之)「舌根」相， 菩薩因此(即生)「初發心」。	㉘(此顯「語密智」) (如來於)世間言音，靡(有)不作(與貫通的)， 悉令其(眾生獲)解(而)證寂滅， 欲得如是(如來之)妙「舌根」， 菩薩以此(即生)「初發心」。	㉘(此顯「語密智」) (如來有)無數(教)化(開)導(於)三界中， 一切眾生悉皆(獲得護)衛， 為求(如來所具的)辯說「廣大舌」， 是故(第一「發心住」菩薩便)發此「菩提心」。
			㉙(此顯「意密智」) (於)一切十方諸世界， (皆)有「成、壞」者，(而)皆悉(得)見， 欲得解了(世界)悉「虛妄」， 菩薩因此(即生)「初發心」。	㉙(此顯「意密智」) 欲使十方諸世界， (其所)有(的)「成、壞」相， 皆得見， 而悉(欲)知(世界皆)從「分別」(而)生， 菩薩以此(即生)「初發心」。	㉙(此顯「意密智」) 如說一切諸「佛剎」， (於)「一剎那」中悉(得)能見(其成、壞相)， 為求說法(具有)無礙智， 是故(第一「發心住」菩薩便)發此「菩提心」。
			㉚(此顯「意密智」) (於)一切十方諸佛剎，	㉚(此顯「意密智」) (於)一切十方諸世界，	㉚(此顯「意密智」) 如來所有一切剎，

			其中(有)無量諸如來， 悉欲了達「佛正法」， 菩薩因此(即生)「初發心」。	(有)無量如來悉充滿， 欲悉了知彼「佛法」， 菩薩以此(即生)「初發心」。	(於)一剎那中皆周遍， (欲)如(於)此「佛法」(中獲)真實知， 是故(第一「發心住」菩薩便)發此「菩提心」。
			㉛(此顯「唯心智」) 普能應現(出種種)無量身， (於)一切世界微塵等(中)， 悉欲了達(世界微塵)如「幻化」(之理)， 菩薩因此(即生)「初發心」。	㉛(此顯「唯心智」) (具有)種種變化(之)無量身， (於)一切世界「微塵」等(中)， 欲悉了達(世界微塵皆)從心(所生)起(之理)， 菩薩以此(即生)「初發心」。	㉛(此顯「唯心智」) (有)無數微塵等「世界」(與無量變化身)， (一切世界微塵)皆從「自性」而出生， 為求如是種種(之)智， 是故(第一「發心住」菩薩便)發此「菩提心」。
			㉜(此顯「一多無礙智」) (於)過去未來現在世， (有)無量無邊諸如來， 欲(能)於「一念」悉了知， 菩薩因此(即生)「初發心」。	㉜(此顯「一多無礙智」) (於)過去未來現在世， (有)無量無數諸如來， 欲(能)於「一念」悉了知， 菩薩以此(即生)「初發心」。	㉜(此顯「一多無礙智」) (於)過去及與未來佛， 乃至「現在」(諸佛與)諸世間， (欲能於)「一剎那」中(其)心(能)盡知， 是故(第一「發心住」菩薩便)發此「菩提心」。
			㉝(此顯「一多無礙智」) 欲具(足)演說「一句」法， (於)阿僧祇劫(中演說亦)無窮盡， 欲使(其)「辯才」(永)不斷絕， 菩薩因此(即生)「初發	㉝(此顯「一多無礙智」) 欲具(足)演說「一句」法， (於)阿僧祇劫(中演說亦)無有(窮)盡， 而令(其)「文、義」各(個皆)不同(此喻語言辯才力)， 菩薩以此(即生)「初發	㉝(此顯「一多無礙智」) (於)「一句」(法中)所(演)說(為)不思議(境)， 如是(於無量阿僧祇)劫盡、彼(演說亦)無(有窮)盡， 為求如是「語言」(辯才之智)知， 是故(第一「發心住」菩薩便)

			心」。	心」。	發此「菩提心」。
			㉞(此顯「一多無礙智」) (於)十方一切諸群生， 隨其「遷變」(流轉而有)「生滅」相， 欲於「一念」悉(能)了達(其境)， 菩薩因此(即生)「初發心」。	㉞(此顯「一多無礙智」) (於)十方一切諸眾生， 隨其「流轉」(遷變而有)「生滅」相， 欲於「一念」皆明達(其境)， 菩薩以此(即生)「初發心」。	㉞(此顯「一多無礙智」) (於)八方一切諸世間(眾生)， 如是(皆)相續(輪迴而)不斷絕， 為(於)此(讓)「自性心」了知(其境)， 是故(第一「發心住」菩薩便)發此「菩提心」。
			㉟(此顯「權實雙行智」) (欲獲)淨妙「身、口」及「意」行， (能)遊步(於)十方(而)無障礙， 欲了三世悉「空寂」(之理)， 菩薩因此(即生)「初發心」。	㉟(此顯「權實雙行智」) 欲以「身、語」及「意」業， (能)普詣(於)十方(而)無所礙， (欲)了知三世皆「空寂」(之理)， 菩薩以此(即生)「初發心」。	㉟(此顯「權實雙行智」) 所有「身、口、意」三業， (及能)作(普詣於)彼十方(之)「一切行」， 因此(欲)能解三世(皆)空(寂之理)， 是故(第一「發心住」菩薩便)發此「菩提心」。
			㊱(下面偈頌即重述前面經文**十六—6**的內容：初「發心住」菩薩應再修習「遠離生死輪迴」與「願生生世世皆生於諸佛前」等十種法，進而讓自己的「菩提心」能更加轉勝堅固) (初住)菩薩(於)如是發心已， 於十方界諸佛所， 應學盡(恭)敬供養(諸)佛，	㊱ (初住)菩薩(於)如是發心已， 應令(再)往詣(他方之)十方國， (並)恭敬供養諸如來，	㊱ (初住菩薩於)菩提心(而)發應如是(已)， (應)慇懃(供養)最上(所)奉(之)諸佛， (於)十方無數劫(皆應)

			(以)如是(之)說者(即能令菩薩心永)不退教。	以此(即能)使(菩薩)其(心永)無退轉。	盡行(供養諸佛)， 是故(即能令菩薩發此)尊重心(而)不退(轉)。 ㊳ 乃至(於)世間一切(皆有聖賢)尊， (於)八方各各皆周遍(有諸佛)， 如是彼佛皆(爲)說法， (菩薩於)一一(諸佛皆生)尊重心(而)不退(轉)。
			㊲ 菩薩(已)捨離種種樂， 不厭「生死」(而欲追)求菩提， 以此(更加)勸(修上)進(生)歡喜(故應稱)歎(此菩薩)， (以)如是(之)說者(即能令菩薩心永)不退教。	㊲ 菩薩勇猛(欲)求佛道， (雖仍暫)住於生死(而)不(生)疲厭， (應)為彼(菩薩)稱歎(稱美讚歎)使順(應其修)行， 如是(即能教)令(菩薩)其(心永)無退轉。	㊲ 若一菩薩(欲)獲安樂(而求佛道)，(因)行彼(菩薩)行故(能)免(於生死)輪迴， (此菩薩亦)能(留)作「世間」圓滿(之)相(此喻留住於娑婆而廣度眾生)， 是故(即能令菩薩發)此尊(重)心(而)不退。
			㊳ (於)十方一切諸世界(中)， 其中所有衆「賢聖」， 菩薩常應讚歎彼(賢聖眾)， (以)如是(之)說者(即能令菩薩心永)不退教。	㊳ (於)十方世界無量剎(世界)， 悉(有聖賢眾)在其中作尊主， 為諸菩薩(應對諸聖賢而)如是說(讚歎)， 以此(即能教)令(菩薩)其(心永)無退轉。	

			㊴ (具)最勝最上無有比， (有)甚深微妙清淨法， 菩薩(應)以此(法而度)化眾生， (以)如是(之)說者(即能令菩薩心永)不退教。	㊴ (具)最勝最上最第一， (有)甚深微妙清淨法， 勸諸菩薩(應以此法)說與(眾)人(而度化)， 如是(即能)教令(菩薩其心永)離煩惱。	㊴ (具)最上妙法最殊特， (有)甚深難解(之)離言說(法)， 彼諸菩薩(以此)妙(法而)敷揚(敷演宣揚度眾生)， 為敬彼(菩薩，故令生)尊(重)心(而)不退。
			㊵ (具)無上清淨妙善法， 一切眾魔(皆)不能壞， (於彼)菩薩(應常)尊重(與)常稱歎， (以)如是(之)說者(即能令菩薩心永)不退教。	㊵ 一切世間(無上清淨法而)無與等， (一切諸魔)不可傾動(或)摧伏(其)處， 為彼菩薩(應)常稱讚(與尊重)， 如是(即能)教令(菩薩其心永)不退轉。	㊵ (所有)世間(皆)不(能)動(轉)及(其所)住(之)處， 如是(則爲)難得甚希有， (若常)演說(如此)清淨妙法音， 是故(即能令菩薩發)此尊(重)心(而)不退。
			㊶ (佛於)一切所有妙功德(中)， (爲)天人之尊，悉(已獲)成就， (並)以此(法而)安立諸菩薩， (以)如是(之)說者(即能令菩薩成爲)人中(大丈夫)王。	㊶ 佛是(爲)世間大力(之)主， 具足一切諸功德， (能)令諸菩薩(皆)住(於)是(如來)中， 以此教(法使菩薩成)為(殊)勝(之大)丈夫。	㊶ (若能得)得生(於)一切如來中， (則必能證)無我、無人、離憍慢， 為求此法(而)常(令)在前， 是故(即能令菩薩發起)慇懃心(而)不退。
			㊷ (以種種)方便教化(而)見(於)諸佛， (見)無量無數難思議	㊷ (於)無量無邊諸佛所， 悉得往詣而親近(諸佛)，	㊷ (於)無數無等(之)阿僧祇(諸佛)， 得諸如來(之)三摩地，

			(之佛)， 若能以此方便(教)化， (以)如是(之)說者(即能令菩薩心永)不退教。	(並)常為諸佛(之)所攝受， 如是(即能)教令(菩薩其心永)不退轉。	(於修)行(之)彼菩薩(應作)如是行， 是故(即能令菩薩發起)慇懃心(而)不退。
			㊸ 一切甚深(之)諸三昧， 悉教衆生(而)無有餘， 菩薩(能)分別(而)具開導(於眾生)， (以)如是(之)說者(令菩薩心永)不退教。	㊸ 所有寂靜(之)諸三昧， 悉皆(能)演暢(而)無有餘， 為彼菩薩(而作)如是(之)說， 以此(即能)令(菩薩)其(心永)不退轉。	㊸ 乃至(所有)究竟(之)三摩地， (能令得)超生(而至)「彼岸」(應)解了知， 如是(菩薩應爲)說彼「諸佛法」， 是故(即能令菩薩發)此尊(重)心(而)不退。
			㊹ 悉(已)能摧滅「生死輪」， 具轉「聖道」妙法輪， (於)一切世間(皆)「無所著」， (此爲)諸佛所(受)記；是(爲)菩薩(所應作如是之說)。	㊹ (已能)摧滅諸有「生死輪」， (具能)轉於清淨「妙法輪」， (於)一切世間(皆)「無所著」， (此)為諸菩薩(所應作)如是(之)說。	㊹ (已能)遠離輪迴「三界」中， (具能)轉於如是「妙法輪」， 於諸世間(中看似恒)常無間(的現象，已獲「無所著」)， (此爲)菩薩應當(作)如是(之)說。
			㊺ 菩薩若見無量衆(生)， 輪轉生死受諸苦， (應)為作「救護」(與作)「歸依」者， (此爲)諸佛所(受)記；是	㊺ 一切衆生墮惡道， (爲)無量重苦(之)所纏迫， (應)與作「救護」(與作)「歸依」處， (此)為諸菩薩(所應作)如	㊺ 一切世間(有)諸苦惱， 如是(眾生皆處)濁惡災難中， (應救護與)憐愍一切諸有情， 是故菩薩應當(作如是

			(為)菩薩(所應作如是之說)。 ㊻ (以上)是說(第一)菩薩「發心住」(之法)， (應)「一向」(一心專向的)志求「無上道」， 如我所說(的種種)微妙法， 一切諸佛亦如是(而說)。 (以上爲第一「發心住」菩薩偈頌) (下面偈頌即重述前面經文十六-7的內容) 第二(菩薩爲)「治地」真佛子， ① 先應發心(而)作是念， 願令一切群生類， (皆能)隨順修行(於)諸佛教。 ② (應生)饒益(與)「安樂」眾生(之)心， (應生)歡喜(與)「不捨」眾生(之)心， (應生)大悲(與)「救護」(眾生)；(眾生皆與)我(同)所	是(之)說。 ㊻ (以上)此是(爲第一)菩薩「發心住」(之法)， (應)「一向」(一心專向的)志求「無上道」， 如我所說(的種種)教誨法， 一切諸佛亦如是(而說)。 (以上爲第一「發心住」菩薩偈頌) (下面偈頌即重述前面經文十六-7的內容) 第二「治地住」菩薩， ① 應當發起如是心， (願)十方一切諸衆生， 願使悉(能隨)順如來(之)教。 ② (應生)利益(與)大悲(及)「安樂」(眾生之)心， (應生)安住(與)憐愍攝受(眾生之)心， (應生)守護衆生；(眾生皆)同己(之)心，	之)說。 ㊻ (第一「發心住」)菩薩(於)最初(應)說此(上述之諸)法， 因茲(而)發起「菩提心」， (所有)持戒、說法，(皆)無有(盡)時， 是故(此即)名為(第一「發心住」)發心住。 (以上爲第一「發心住」菩薩偈頌) (下面偈頌即重述前面經文十六-7的內容) 是時菩薩(第二)「治地住」， ① (於)最初(應)降伏如是(其)心， ② (應生)安樂(與)利益於世間(眾生之心)， (應)如佛(而)遠離老病死， (應生)信心、念心及精進(心)、慧心、願心，

			(之)心， (應生)起(視眾生皆如)大師(般的平等)心， (以及視眾生皆如)如來(般的平等尊敬)心。 (二住菩薩應)發如是等「勝妙心」。	(應生視眾生皆如恩)師(般的平等)心， 及以(生起視眾生皆如)導師(般的平等尊敬)心。 (二住菩薩應)已住(於)如是(之)「勝妙心」。	幷持戒(心)、護法(心)、捨離(心)、無去來(心)， 決定迴向諸「含識」(之心)； (二住菩薩)若以(古同「已」)住(於)彼如是(之勝妙)心。
			③ (次應再)精勤學問、(專)求多聞， (修習)寂然(之)「定意」(與修習)正思惟， 心常親近(諸)「善知識」。 隨順奉行(與)修其(法)教， (應具)柔軟「善語」(而)不放逸。	③ 次(應)令誦習、(專)求多聞， 常樂「寂靜」(與修習)正思惟， 親近一切「善知識」。 (所)發(之)言(應)和悅， (應遠)離「麄獷」(之語)。	③ (次應再)讀誦、受持「大乘典」， 遠離「憒鬧」，(樂)居「閑靜」， 訪尋一切(與)親(近)「善友」， (應具)善言，(應)親近「善知識」， (應)勤求如是(之)「真實智」。
			④ 善能了知一切(所言皆應合)時(宜)， 達深「法義」， (學習心)無所畏。 明解深義， 了(達)正法， 則(能)離一切諸「癡冥」， (既)已離「愚癡」(即能令)心安住(而不動)， 是則名為「真佛子」。	④ (所發之)言必知(合於)「時」(宜)， (學習心)無所畏， (當)了達於(深)義， (應)如(正)法(而修)行， (應)遠離愚迷， (當令)心(安住而)不動。 此是初學(應具之)菩提行。	④ (應)了達一切諸語言， (於)「勝義諦理」亦(應)如是(通達)， (於)曉了如來「勝義」已， (即可遠)離諸「顛倒」， (當令心得)無疑惑， (於)如是「平等」(中獲得)湛然安(住而心不動)， (此)是名(為)說法(之)真佛子。

			⑤ 亦名(第二)「治地」摩訶薩， (道心)一向堅固(而)求菩提， 如是善學諸佛教， (此)是則名為真佛子。 (以上爲第二「治地住」菩薩偈頌) (下面偈頌即重述前面經文十六-8的內容) 第三(菩薩爲)「修行」真佛子， ⑴ 應當如是觀(察)諸法， (皆)「無常、苦、空、無堅固、無我、無主、不自在」。 ⑵ 一切諸法(皆)不可樂， 無作、虛誑、不真實， 無有積集、亦無散， (若能作)如是觀者(即)是(名爲)菩薩。 ⑶ 分別觀察「衆生」界，	⑤ (若)能行此行(者乃爲)真佛子， 我今說彼(二住菩薩)所應行(之事)， 如是佛子應勤(修)學。 (以上爲第二「治地住」菩薩偈頌) (下面偈頌即重述前面經文十六-8的內容) 「第三」菩薩「修行住」， ⑴ 當依佛(所)教(而)勤(修)「觀察」諸法， (皆)「無常、苦」及「空」， 無有「我、人」、無「動作」。 ⑵ 一切諸法(皆)不可樂， 無如「名字」、無「處所」，無所「分別」、無「真實」， (若能作)如是觀者(即)名(爲)菩薩。 ⑶ 次令觀察「衆生」界，	⑤ (於第二)「治地住」(菩薩)中，(應)如是(而)得， (應)善能觀察諸菩薩， (應)演說「妙法」、(與)(供)奉諸佛， 是故佛子應當學。 (以上爲第二「治地住」菩薩偈頌) (下面偈頌即重述前面經文十六-8的內容) 復次菩薩「第三」(之修行)住， ⑴ (於佛)「法王」(之法)教中(而)求「佛行」， (諸法皆)「苦、空、無常」， 悉(能)了知， (諸法)一切(之)自性(皆)無「來、去」。 ⑵ 諸法本(具)寂(滅與)離自性，(應)明了通達(與生)決定心， (若能)住此(法義而於)一切(皆)無有惑， 佛子應當(作)如是(之)說。 ⑶ 為(令)知一切「衆生」

			亦當解了諸「法界」， 善能分別方便(種種)觀(察)， (觀察)無量無邊諸「世界」。 **(4)** (於)一切十方國土中， (於)「地、水、火、風」四大界(中)， (於)「欲界、色界、無色界」(中)。 悉能觀察(與)分別(而)知。 **(5)** 善能明達一切(法)界， 真實究竟無有餘， 如是真諦正法教， (若能如是)隨順(而修)學者(即)是(名為)菩薩。 (以上為第三「修行住」菩薩偈頌) (下面偈頌即重述前面經文**十六－9**的內容) 第四(菩薩為)「生貴」真佛子， **1**	及以勸觀於「法界」， 世界(有種種)差別(皆觀察令)盡(而)無餘， 於彼(世界)咸應勸(修)觀察。 **(4)** (於)十方世界及虛空， (及)所有「地、水」與「火、風、欲界、色界、無色界」(中)， 悉勸觀察咸(皆)令盡。 **(5)** 觀察彼(法)界各(個之)差別(相)， 及其「體性」咸(皆)究竟(而無有餘)， (若能)得如是教(而)勤修行(者)， 此則名為真佛子。 (以上為第三「修行住」菩薩偈頌) (下面偈頌即重述前面經文**十六－9**的內容) 第四(為)「生貴住」菩薩， **1**	界， 及闡(明)一切諸「法界」， 如是「世界」悉盡知(而無餘)， 是故(此即)名為(第三住菩薩之)「相應行」。 **(4)** (於)「地界、水界」及「火界」(中)， (於)如是「風界、虛空界、欲界、色界、無色界」(中)， (於)是諸世界(中)悉盡知(而無餘)。 **(5)** 乃至(具種種)差別(之)諸世界， 悉(能得)見(其)「法界」(之)「自性」體， 如是(具)廣大(之)智慧尊， 勇猛精進(而)求佛智。 (以上為第三「修行住」菩薩偈頌) (下面偈頌即重述前面經文**十六－9**的內容) 是時菩薩(第四)生貴住， **1**

			從諸「賢聖」(之)正法(中而)生， (於)「有、無」諸法(皆已)無所著， (已)捨離生死(而)出(離)三界。 **2** (已深)信「佛」(而)堅固不可壞， (已獲)究竟「淨心」(而心)不退轉， (能)明了觀察甚深(之諸)「法」。 **3** (應善分別觀察)一切衆生(皆)無真實。 (所有宿世之諸)行業、世界、諸佛剎、生死、果報及涅槃(皆無眞實)， 佛子若能(作)如是(之)觀， 是名(從)「如來法」(中而)化生。 **4** (於)過去、未來、現在世(中之)「諸佛如來」及「正法」， (應以)無量方便(而)求(其)「究竟」，	從諸「聖教」(聖賢之正法教中)而出生， (已)了達諸「有、無」(之)所有(法)， (已)超過彼(生死)法(而得)生「法界」。 **2** (已深)信「佛」(而)堅固不可壞， (能)觀「法」(之)寂滅(相而)心(獲)安住， (能)隨諸衆生(而)悉了知。 **3** (應善分別觀察一切眾生之)「體性」虛妄(皆)無真實。 (所有)「世間、剎土、(宿世之行)業及(果)報、生死、涅槃」悉如是(皆無眞實)， 佛子於法(若能作)如是(之)觀， (即是)從佛(之所)「親生」(而已能)名(爲)「佛子」。 **4** (於)過去、未來、現在世(中)，(於)其中所有諸「佛法」， (應)了知(與具足)積集(積聚匯集)及圓滿(功德)，	出(三界)家(而)生(於)諸如來中， (於)「有性、無性」(中)，心(已獲)決定， (於)所生之處常(獲)「正見」。 **2** 此(四住)地菩薩(於佛道已永)無退轉， 為(上)求佛道(而)心無厭， 於一切法恒(能)修習。 **3** (能)觀(察)諸衆生如(其)自性(而無眞實)。 (所有的)「世間、衆罪、如塵剎、遠離輪迴、諸果報」(皆無眞實)， 佛子(應)善能分別(其所)「生」， 菩薩(應)悉令(遠)離「衰老」。 **4** (於)過去、現在及未來，(於)一切(的)「法智」(佛法智慧)皆(悉)明了， 宿(世皆能)殖(遇)「善友」悉(與之)同生，

			(並)成就一切「大聖」(之)法。 5 (於)一切三世諸如來(中)， (能得)「平等」觀察(而)無異相， (所有的)分別差別(皆)不可得， (若能作)如是(平等)觀者 (即能通)達「三世」。 6 (若能)如我(之)所說(與所)讚歎者， (此即)是名(爲)「四住」(生貴住)摩訶薩， 若能(作)如是(之)修學者， (即能)速成「無上佛菩提」。 (以上爲第四「生貴住」菩薩偈頌) (下面偈頌即重述前面經文十六-10的內容) (此後爲)「第五」菩薩真佛子，微妙「具足方便住」， (一) 深入(種種)清淨(的善)「巧方便」，	如是修學(而)令(至)究竟。 5 (於)三世一切諸如來(中)， 能隨(時)觀察悉(獲)平等(無異之相)， (所有)種種(的)差別(皆)不可得， (若)如(能作如)是(平等)觀者(即能通)達「三世」。 6 (若能)如我(所)稱揚(與)讚歎者， 此(即)是「四住」(生貴住菩薩之)諸(圓滿)功德， 若能依法(而)勤(於)修行， (即能)速成「無上佛菩提」。 (以上爲第四「生貴住」菩薩偈頌) (下面偈頌即重述前面經文十六-10的內容) 從此(後爲)「第五」諸菩薩，說名「具足方便住」， (一) 深入無量(的善)「巧方便」，	如佛(之)出世亦復爾。 5 (於)一切如來(之)殊妙(絕)好(中)， (皆能)入彼「三世」平等(之)意， (若)能作如是上妙(平等之)生(起)， (即能)超越「三世」種種行。 6 此(即是)名(爲)第四菩薩(之生貴)住， 彼(若)能稱讚此(具足)妙色(功德者)， (於)是法悉能(明)解了知， (欲獲證)覺(之)彼菩薩(皆應)如是(而)「生」(起)。 (以上爲第四「生貴住」菩薩偈頌) (下面偈頌即重述前面經文十六-10的內容) 此後菩薩(即)稱(爲)「第五」，說名「方便具足住」， (一) (能以)種種(善巧)「方便」(而度)化群生，

			究竟一切(的)「功德業」。 (菩薩)所修(的)無量諸功德， 悉為一切(人)作「歸依」。	發生究竟(的)功德業。 菩薩所修(之)衆福德， 皆為救護諸群生。	(欲令)樂求「福業」(而周)遍往詣(度化之)， (菩薩)所作如是(之)廣大福， (欲)令諸衆生皆(獲)解脫。
			㈡ 饒益安樂(眾生與生)大慈悲， 哀愍度脫諸群生。 為一切世除衆難， 永拔(三界)生死(而)令(生)歡喜。	㈡ 專心利益與安樂(眾生)， 一向(以)哀愍(心而)令度脫(眾生)。 為一切世除衆難， (導)引出(離三界)諸有(而)令(生)歡喜。	㈡ 盡心(皆)迴向(於眾生)悉(欲令)獲安(樂)， 憐愍有情令離繫(縛)。 (於)世間患難皆救濟， 攝伏(眾生而)令彼生歡喜。
			㈢ 調伏一切諸群生， (皆令)具足功德(而)趣(向)「涅槃」。 普為一切諸群生， 分別演說「清淨法」， (此)是名第五(具足方便住菩薩)摩訶薩。	㈢ 一一調伏(眾生而)無所遺， 皆令具(足功)德(而)向「涅槃」。 一切衆生(乃)無有邊， 無量無數不思議， 及以不可「稱量」(稱計估量)等(之諸眾生)， (令能)聽受「如來」如是(清淨)法。 此(此名爲)第五(具足方便)住真佛子。	㈢ (於)各各(皆)引導諸衆生， (皆令獲)得「大涅槃」(與)心(得)寂靜。 (於)無邊一切諸世間， (有)如是無量無有數(眾生)， (超)過諸「稱量」(稱計估量)無等倫(之眾生界)， (皆應觀彼爲)「非性、非相、非究竟」(之理)。 此為菩薩第五住(具足方便住)。
			㈣ 成就(具足)方便(而廣)度衆生，	㈣ 成就(具足)方便(而廣)度衆生，	㈣ (成就)「具足方便」(而度)化群生，

			(令眾生)具足一切「功德」者， (故)演說「五住」(「具足方便住」菩薩之)淨妙法。 (以上爲第五「具足方便住」菩薩偈頌) (下面偈頌即重述前面經文**十六-11**的內容) 第六(菩薩爲)「正心」真佛子， ❶ (能)解真實法(遠)離愚癡， 於一切世(間)天人中， (能以)「正念思惟」(而)滅「虛妄」(之分別)。 ❷ (若)聞(有人)「讚、毀」佛及佛法， (若聞有人讚毀)一切菩薩(與菩薩)所行(之)道， (若聞有人言)眾生(是)「有量」、若(是)「無量」， (此菩薩)於佛法中，心(皆決定而)不動。 ❸	(令於)一切功德(皆獲)大智尊， (故)以如是(淨妙)法(義)而開示。 (以上爲第五「具足方便住」菩薩偈頌) (下面偈頌即重述前面經文**十六-11**的內容) 第六(菩薩爲)「正心圓滿住」， ❶ 於法(之)「自性」(已)無迷惑， (能以)「正念思惟」(而遠)離「分別」， 一切天人(皆)莫能(令此菩薩發生)動(轉)。 ❷ (若)聞(有人)「讚、毀」佛與佛法， (若聞有人讚毀)菩薩及以(菩薩)所行(之)行， (若聞有人言)眾生(是)「有量」、若「無量」。 ❸	(令眾生具有)彼佛如是(之微)妙圓明， 示現(具足)一切諸功德，(於)無邊一切(之)諸眾生(而作如是「示現」)。 (以上爲第五「具足方便住」菩薩偈頌) (下面偈頌即重述前面經文**十六-11**的內容) (第六爲「具足正心住菩薩」) ❶ (能)觀法(之)「自性」(已)無迷惑， (所有)疑網(於)「有、無」(的相待對立法)，(以其正念)智(慧已能)了知， (此菩薩於)天上人間(中)，(其心)能(獲)堅固(而不動轉)。 ❷ 於「佛」、於「法」、(於)「菩薩」中， (於菩薩)常行(的微)妙行(中)，(皆已遠)離諸色， 於是廣大(之)諸眾生(中)， (能令眾生)聽聞演說(種種)方便法。 ❸

			(若聞有人言)眾生「有垢」、若「無垢」， (若聞有人言眾生)或有「易度」、或「難度」， (若聞有人言)法界「有量」、若「無量」， (若聞有人言)世界「有成」、或「有敗」。	(若聞有人言眾生)「有垢、無垢」， (若聞有人言眾生有)「難、易」度， (若聞有人言)法界「大、小」 及(世界有)「成、壞」。	(有)煩惱眾生(皆)使清淨， (所有)易化、難化(之眾生)，(皆)悉調伏， (無論)法界或「廣、略」， (皆)敷揚(敷演闡揚)非「來」、非「去」、絕諸相(之理)。
			❹ 或聞(有人言)法界若「有、無」， (或有人說)過去、未來、今現在(三世之有或無)， (第六「具足正心住」)菩薩於此一切(有無之)法， (能以)寂然(心)觀察(而令)心(決定)不動。	❹ (若聞有人言法界是)「若有、若無」，(此菩薩之)心(已決定而)不動， (或有人說)「過去、未來、今現在」(三世之有或無)， (第六「具足正心住」菩薩於此)諦念「思惟」(其心已)恒決定(而不動)。	❹ 法界(之)體性(乃)非「有、無」， (第六「具足正心住」)菩薩(於)三世(之有、或無，皆)樂聽受， (能)觀察一切(而令己)心(決定)無動。
			❺ (能)觀一切法「無性相」， 其義「真實」如虛空， 猶若「幻化」夢(之)所見， 是人(第六「具足正心住」菩薩)於法(已)為「真解」。 (以上為第六「具足正心住」菩薩偈頌)	❺ (能觀)一切諸法皆「無相、無體、無性、空(性)、無(真)實」， 如幻、如夢、離分別， (第六「具足正心住」菩薩)常樂聽聞如是(之法)義。 (以上為第六「具足正心住」菩薩偈頌)	❺ 如是(能)專注於佛法。 泯絕(泯滅斷絕)「性、相」(之別)，孰(知其中的)有、無(之理)， 本性(乃)離染，我亦(離染)爾， 曉了(無量)劫性(皆)如「幻夢」， (第六「具足正心住」菩薩常)為(樂)聞如是(之)「上妙法」。 (以上為第六「具足正心住」菩薩偈頌)

			(下面偈頌即重述前面經文**十六－12**的內容) 第七(菩薩爲)「不退」真佛子， ❶ (或)聞有「諸佛菩薩」法， (或)聞無「諸佛菩薩」法， (或聞有菩薩)若出(離生死)、(或)非出(離生死)， (第七「不退轉」菩薩其心已決定)不退轉。	(下面偈頌即重述前面經文**十六－12**的內容) 第七「不退轉」菩薩， ❶ 於「佛」及「法」、(及)「菩薩」(與其菩薩之)行(中)， (或聞佛、法、菩薩、菩薩行)若有、若無， (或聞有菩薩已)出(離生死)、(或)不出(離生死)， (第七「不退轉」菩薩)雖聞是說，(其心已決定而)無退轉。	(下面偈頌即重述前面經文**十六－12**的內容) (第七)「不退」菩薩應如是， ❶ 於「佛」、於「法」、(於)「菩薩」(與其菩薩之行)中， 幷觀(佛、法、菩薩、及菩薩種種)行相為「有」、(或)「無」， (此第七「不退轉」菩薩之心皆決定)不退，非有亦非無(此指無論「佛、法、菩薩、菩薩之行」是爲「有」或「無」，皆已決定不退轉，而永不落於「兩邊」，所以此處譯爲「非有亦非無」)。
			❷ (於)過去、未來及現在(之)一切「諸佛」， (若有人言或)「有」、(或)以「無」， (若有人言)若法(有)起滅、(或)不起滅。	❷ (於)過去、未來、現在世(之)一切「諸佛」， (若有人言或)「有」、(或)以「無」， (若有人言)佛智(爲)「有盡」、或「無盡」。	❷ 如來非「去」、(亦)非有「住」，亦無「來」與非「不來」。 (所有的)「生」與「不生」、「盡」(與)「不盡」，(及)「有相、無相」， (皆)非「一、異」。
			❸ 若有(人言「三世」爲)「一相」、若(爲)「異相」(皆平等)。	❸ (若人言)「三世」(爲)「一相」、(或爲是)「種種相」，	❸ (看似「三世」有)種種「衆多」，(其實)彼(皆)如「一」(相)，

			(應知)若「一」即「多」、(若)「多」即(爲)「一」(之平等義)， (所有的)「義、味[文]」(能互相展轉而達)寂滅(此指能隨「義」而知其「文」，或隨「文」而知其「義」)，悉(皆)平等，(能)遠離「一、異」(之)顛倒相， (此)是名菩薩(爲第七)不退住。	(應知)「一」即是「多」，「多」即(是)「一」(的平等義)， 「文」(能)隨於「義」，(或)「義」(能)隨(於)「文」，如是一切(皆)展轉(互相而)成(而達寂滅境)， 此(第七)不退(住)人，應為(廣)說(此平等義)。	(於)「勝義諦」理(中)，(皆)離「有、無」(之別)， 各各(雖)差別(但亦能具有)衆寶(莊)嚴， (第七)菩薩於彼心(已)「不退」。
			④ 若「有法相」及「無相」， 若「有法性」及「無性」， (「有」與「無」)二俱(皆)無實，(平)等(皆如)虛空，(若能)如是知者，必(獲)究竟(之境)。 (以上爲第七「不退轉住」菩薩偈頌) (下面偈頌即重述前面經文十六-13的內容)	④ 若法(爲)「有相」及「無相」， 若法(爲)「有性」及「無性」， (看似雖有)種種差別(亦能展轉而)互相(通)屬， 此人聞已(能)得究竟(之境)。 (以上爲第七「不退轉住」菩薩偈頌) (下面偈頌即重述前面經文十六-13的內容)	④ 「真如」(之)妙相(乃)非「有、無」， (若)以「無相智」(即)能解了(其義)， 如是(看似雖有種種)差別(相)，(亦能)往(住)集會(而成爲一相)， (此)一一(之義於)天上(亦能令眾生)悉(得)聽聞。 (以上爲第七「不退轉住」菩薩偈頌) (下面偈頌即重述前面經文十六-13的內容)
			第八(菩薩爲)「童真」真佛子， 1 (於)「身、口、意」行(已)悉具足(圓滿)， 微妙清淨(而)無染污，	第八菩薩「童真住」， 1 (於)「身、語、意」行皆(已)具足(圓滿)， 一切清淨(已)無諸(過)	復次菩薩(第八)童真住， 1 (於)「身、口、意」業悉(已)清淨， (於)施作(種種)佛事(已)

			(能)隨意(之)所欲(而)自在(受)生。	失， (能)隨意「受生」(而獲)得自在。	無有(執)著， 是故(能)隨意(其)所「生」(而獲)得(自在)。
			2 (能)悉知一切衆生「心」， (能)善能觀察(眾生之)諸「欲性」(adhimukti 信樂；信解；欲樂；性欲；根性欲樂；信心；根性信解)， 了(悟)衆生法(皆)無差別， (能知)十方世界「成、敗」(之)相。	2 知諸衆生(其)心(之)所「樂」(adhimukti 信樂；信解；欲樂；性欲；根性欲樂；信心；根性信解)， (眾生有)種種「意解」各差別， 及(知)其(眾生)所有一切法， (能知)十方國土「成、壞」(之)相。	2 皆從衆生(種種的)「行法」(中而)生，
			3 (能)速逮(得)一切妙「神通」， (能)往詣(至)十方諸佛剎， (能)隨意自在(而)無障礙， 聞說(十方諸佛之)妙法悉(能)受持(與修行)。	3 (能)逮得速疾(之)妙神通， (於)一切處中(皆能)隨念(而)往， 於(十方)諸佛所(而)聽聞法(義)， 讚歎(諸佛教法，與能受持)修行(而永)無懈倦。	3 (能)遊行(往)見彼諸剎土， 「智慧」速疾隨意(即)得， (於)十方(皆)慇懃恭敬禮(敬諸佛與聽聞法義)。 (第八童眞住)菩薩於此(已)無「異心」， (能)聞(諸)佛演暢「微妙法」。
			4 (修學如佛之「智能」而能以)六種震動(於)一切國(土世界)， 皆悉能(如佛一樣而執)持諸世界，	4 (修學如佛而能)了知一切諸佛國， (修學如佛之「智能」而能)震動(與)加持(國土世界)， 亦(能)觀察(一切佛剎)，	4 能知「剎土」悉(有)動搖(之相)， 如是(皆)盡知(而)無有餘，

			(能以)梵音(法聲而)遍滿(於)十方剎， (能)度脫無量群生類。	(能往詣)超過(無邊)「佛土」(世界而)不可量， (於一剎那即能)遊行世界無邊數。	(能)演說(與)遊行於(一切)佛剎。
			5 (能)諮問(與領受)「佛義」(而)不可數， (能)變化其身無有量， (能)隨(應)「受化者」(而)演(說諸)法(之)言， (已能)如佛(之)所說(而)無有異。 (以上為第八「童真住」菩薩偈頌)	5 (於)「阿僧祇」(之)法(義)悉(皆能)諮問(與領受)， 所欲受(各種無量)身皆(能)自在(變化)， (能以各種)「言音」善巧(方便度眾生而)靡不充(遍)， (能於)諸佛無數(前)咸承事(供養恭敬)。 (以上為第八「童真住」菩薩偈頌)	5 (能於一)剎那(即)遍詣「阿僧祇」(佛剎世界)， (能)隨「問」(與)「演說」無數(的法)義， (有關)「自性」(之)差別性亦然(而能遠離)， (以種種)方便「音聲」(而)能照察(諸眾生)， (能周遍至)無數佛剎(而於)「一念」中(完成)。 (以上為第八「童真住」菩薩偈頌)
			(下面偈頌即重述前面經文十六－14的內容)	(下面偈頌即重述前面經文十六－14的內容)	(下面偈頌即重述前面經文十六－14的內容)
			第九(菩薩為法)「王子」摩訶薩。 (1) (已)悉能「分別」諸群生(其所受生之趣)， (已能)善知(眾生所具的)輕重「煩惱」(之)行， (能)隨(眾生)其所應(而)方便度(之)。 (2)	第九菩薩(法)「王子住」， (1) (已)能見眾生(種種)「受生」(之)別， (於眾生的)煩惱(與所)現(的)習(氣)靡(有)不知(的)， (於度化眾生)所行(的種種)「方便」皆(能)善了。 (2)	復說菩薩(第九法)王子住， (1) (具有種種)「密行」(的)眾生(並)非(輕易即能)測量， (若能將其)「煩惱」障(關)閉(與將)妄想除(滅)， (則始能獲)「事、理」相應(而作種種)方便說。 (2)

			(已)善(能)分別知「諸法相」， (已能)明達(明曉通達)世界「先、後」(三世之)際， (已能)善解「俗諦」(與)「第一義」， (已經)具足(種種)方便(而)無有餘。	諸法(相)各異、威儀(亦各)別(不同)， (已能明達通曉)世界不同(的現象)，(於)「前、後」(三世之)際， 如其「世俗」(與)「第一義」， 悉(已)善了知(而)無有餘。	(於)種種「妙行」(已)悉能行， (已能)分別(與通曉)世間「過、未來」(三世之際)， (於)「真、俗」二諦(已)能(善)了知， (於第一)諦(中而)求如是「微妙法」。
			⑶ (已)善能了達(佛)法王(之所住)處， (已能)隨順(佛)法王(之種種)「威儀」法(度)， (已能)善知(如何)安(立而)入(於佛)法王位。 (已能)善知分別(於佛)法王界。	⑶ (於佛)法王(的)「善巧」(與)「安立」處(皆能了知與修學)， (已能)隨其(佛法王)處所(之)所有法， (於佛)法王宮殿(中)若(已能)「趣入」， 及以於(佛法王)中所，(學習)觀見(一切諸法)。	⑶ (已)善能「方便」(而)入(佛)王城(處)， 如是(能)遍遊(歷與)悉周匝(而往詣)， 於彼(佛王城中能任意)「往還」能(得)自在(力)， (於)所有(佛)王城(中)能(修學)照察(一切諸法)。
				⑷ (能善知佛)法王所有(的甘露)「灌頂」法(義)， (能善知佛法王所具的)神力(與)加持(力，及)「無怯畏」(法)， (能善知佛法王之)宴寢(宴坐息寢於)宮室(此指於佛如來法王宮室處，應善知如來所具的「禪坐」與「無著法」)。 及(善知如何去)歎譽(佛法王)， (並)以此(法)教(誨)詔(而	⑷ 由如(已能善知佛法王所具的甘露)「灌頂」王妙法， 如是(佛法王所具的)「威德」(與加持)力亦然， (已能)入彼(佛)王城(中與)善「演說」(佛法之義)， 是故此為(第九住菩薩)

				修行的即是第九住菩薩)「法王子」。 **(5)** (若能)如是為說(法義而)靡(有)不盡， 而(欲)令其心(於一切諸法獲)「無所著」(智)， (若能)於此了知(並)修(此)「正念」， (則)一切諸佛(便將顯)現(於)其前。 (以上爲第九「法王子住」菩薩偈頌)	「王子住」。 **(5)** 此(第九法王子住菩薩已)能「隨順」諸眾生， (已能)如佛所(度)化(眾生之力)亦如是， (所有的)「調御、出興」(種妙用)悉(已)同(佛)然， (已能)得佛「安隱」住(之第九菩薩)王子。 (以上爲第九「法王子住」菩薩偈頌)
			(下面偈頌即重述前面經文**十六－15**的內容) 第十(菩薩爲)「灌頂」真佛子， (一) (已能)方便善持一切法， (能)如法隨順(而)入深義。 (已)悉能究竟(而)分別說。 (二) (已)悉(能)度眾生(而)無有餘， 而於眾生(已)不取(其)「相」， 寂然不動(修)學「正	(下面偈頌即重述前面經文**十六－15**的內容) 第十「灌頂」真佛子，	(下面偈頌即重述前面經文**十六－15**的內容) 佛子！菩薩(第十)灌頂住，

			念」， 悉(能)在十方諸佛前。 (以上二句似乎應搭配前面八十《華嚴經》的第⑤頌)		
			㈢ (第十住)「灌頂」菩薩真佛子， 悉(已)能究竟諸勝法， (於)十方無量諸世界(中)， 悉能震動(及以)光(明)普照(於無量世界)。	㈢ (第十住菩薩已能)成滿(成就圓滿)最上第一(殊勝)法， (於)十方無數諸世界(中)， 悉能震動(及以)光(明)普照(於無量世界)。	㈢ (第十住菩薩)處(於最淵)長(及)最上(已)能利他。
			㈣ (已)能(住)持(與往詣)十方諸世界， (已能)「嚴淨」(莊嚴清淨無量世界) (已悉知)一切眾生(之)心(行)， (已能)悉知一切眾生(之)根(器)， (能)演(說)「梵音聲」(而遍)滿(於)十方。	㈣ (已能)住持(與)往詣(無量世界)亦無餘， (已能)清淨莊嚴(無量世界)皆具足， (已能)開示眾生無有數， (已能)觀察知(眾生之)根(器)悉能(全)盡。	
			㈤ (已能)調伏化度諸群生， 悉令(眾生)修習「菩提心」， (能)普入(於)十方諸佛國， (能)觀察「法界」無有	㈤ (已能)發心調伏(眾生)亦無邊， 咸(能)令(眾生皆)趣向「大菩提」， (於)一切「法界」咸(能)	

			餘。	觀察。	
			㈥ (第十)灌頂(住菩薩之)「色身」及「身業」(之所行)， (已具)「神足」自在不思議， (已能)觀察三世(諸)佛國(之)智， 乃至(第九法)「王子」(住菩薩)所不測(其境界)。	㈥ (第十住菩薩於)十方國土皆(已能)往詣。 其中(於)「身」及身所作(之一切)， (皆已具)「神通」變現， (乃至第九法王子住菩薩)難可測(度其境界)。	
			㈦ (於)三世諸佛及佛法， (皆已能)分別了知(而獲)無障礙(智)， (於)法界(已獲)無量無有邊(之智)， (有)諸「佛、聲聞」悉充滿。	㈦ (能了知)三世佛土諸境界，乃至(第九法)「王子」(住菩薩)無能了(其境)。 (於)一切(皆已能)見者(與通達)三世智， 於諸「佛法」(已獲)明了智， (已獲)法界無(障)礙(智，與)無邊智。	
			㈧ (已能詳)盡(與周遍)於一切諸世界(之智)， 皆悉(已)能(住)持(與)光(明)普照(於世界之智)， (已能詳)盡(與分別)於一切「群生」類(之智)， (已能)為說(如來)究竟(之)正覺智(含「一切種智」)。	㈧ (具能)充滿(充盈遍滿於)一切世界(之)智， (具能)照耀世界(的)「住持智」， (具能)了知(與分別)衆生(的)「諸法智」， 及(已能了)知(如來)正覺(的)「無邊智」(含「一切種智」)， 如來(皆)為(此菩薩)說(說	

			(以上爲第十「灌頂住」菩薩偈頌) (以下爲全部「十住菩薩」的結歎勸修) ❶ 如是(全部)「十住」(之)諸菩薩， 悉從如來(之)「法」(而)化生， 隨其方便及境界， (故)一切(的)天人(皆)莫能知(其境界)。 ❷ (從最)初(開始便)發(起)「無上菩提心」， (即能)充滿(於)十方(世界而)悉無餘， (能)了達「三世」諸法相， (能)具足成就「一切智」(此應指「一切種智」)。 ❸ (於)無邊佛刹及世間(中)， (皆有)無量無數衆生類， (衆生各有不同的)煩惱、業報， (此菩薩之)菩提心(於)如	而)咸令(獲究)盡。 (以上爲第十「灌頂住」菩薩偈頌) (以下爲全部「十住菩薩」的結歎勸修) ❶ 如是(全部)「十住」(之)諸菩薩， 皆從如來(之)「法」(而)化生， 隨其所有功德行， (故)一切(的)天人(皆)莫能測(度)。 ❷ (從)過去、未來、現在世(以來)， (便)發(起菩提)心求佛(而)無有邊， (故能於)十方國土皆充滿， 莫不當(具足)成(就)「一切智」(此應指「一切種智」)。 ❸ (於)一切國土無邊際(中)， (於所有)世界(的)「衆生」法亦然， (衆生皆具)惑業、心樂各(有)差別， (此菩薩雖)依彼(衆生)而	(以上爲第十「灌頂住」菩薩偈頌) (以下爲全部「十住菩薩」的結歎勸修)

			是一切(眾生而皆)「無所著」。 ④ (於最)初求「佛道」(時即)發(起於)一念(心)， 世間(的)眾生及二乘(者)， 斯等一切(眾生皆)莫能知(其境界)， 何況(全部十住)菩薩(其所)餘(之妙行)功德？ ⑤ (於)十方一切諸世界(中)， 能(僅)以「一毛」(端之微)悉(能將之全部)「稱舉」(稱說列舉完畢)， 彼(菩薩已能)知(此境界與)菩薩(的)具足行， (故)疾得如來(的)「一切智」。 ⑥ (於)十方一切(諸)大海水， 能(僅)以「一毛渧」(即)令(其竭)盡， (諸菩薩能)於「一念」中悉知(其大海水之)數， 如是(之)行者(乃為)真佛子。	(仍能)發(起)「菩提」(心)意。 ④ (於最)始求「佛道」(時即發起於)一念心， 世間(的)眾生及二乘(者)， 斯等(眾生)尚亦不能知(其境界)， 何況(全部十住菩薩其)所餘(之諸)功德(妙)行？ ⑤ (於)十方所有諸世界(中)， 能(僅)以「一毛」(端之微)悉(能將之全部)「稱舉」(稱說列舉完畢)， 彼(菩薩之)人能知此(境界)， (此)佛子(已能)趣向如來「智慧」行。 ⑥ (於)十方所有諸大海(中)， 悉以「(一)毛端滴」(即能)令(其竭)盡， 彼(諸菩薩)人能知此(境界)， 佛子(於)「一念」(中能知此大海水滴)，(此是其)所修功德行。	 ⑥ (就算以)「一毛滴水」為校量， (盡所有的)思惟校計(皆)莫能測(十住所有菩薩之境界)。 (諸菩薩皆以)如是(而)行於諸佛法。

			⑦ (將)一切世界末(古同「抹」)為塵， (亦)悉能分別知其數(量)， (諸)菩薩(之)所行(量)等(如)微塵(般之無數)， 是則(乃)名為真佛子。	⑦ (將)一切世界抹為(微)塵， (亦)悉能分別知其數(量)， 如是之(菩薩)人乃能見(此數量)， 此(爲)諸菩薩所行(之)道。	⑦ 由若(於)一切微塵剎(土)， 衆生莫(能)測(其微)塵(剎土，而諸菩薩當)可知(其數)， 是故(菩薩有)無數(的功德境界)應(作如)是說。
			⑧ (於)過去、未來、現在佛(中)， (皆有)一切(的)緣覺及聲聞， (諸菩薩能以「妙辯才」爲彼)分別解說(而)不能盡， (諸菩薩能開示令彼)發(菩提)心(修學)菩薩(與具足)諸功德。	⑧ (於)去來、現在、(與)十方佛(中)， (皆有)一切(的)獨覺及聲聞， (諸菩薩)悉(能)以種種妙「辯才」(爲彼而作分別解説)， (諸菩薩能)開示(而令彼皆能)初發(起於)菩提心(與修諸菩薩功德)。	⑧ (於)一切如來及菩薩(中)，幷與過去、未來(之)佛(中)， 若以現在(於)十方中，乃至(皆有無數)聲聞、辟支佛(的種性)， (諸菩薩能)從(其不同)種(性中而令彼)發生菩提心(與修諸菩薩功德)。
			⑨ 菩薩(若於最)初發「菩提心」， (即能具足)廣大無量、無有邊(的功德)， (便能將)「大慈大悲」(心去普)覆(於)一切(眾生)， (更)何況(全部十住)菩薩(其所)餘(之妙行)功德？	⑨ (菩薩若於最初)「發心」(其)功德(即)不可量， (便能將「大慈大悲」心)充滿(於)一切「衆生界」， (就算以)衆(人)智(慧)共(同宣)說(亦)無能盡， 何況(全部十住菩薩其)所餘(之)諸(功德)妙行？	⑨ 如是此(菩提心)數(皆)莫能測。 (所有)功德數量(亦)莫能知， (菩薩以)最初「一念」(所生之)「菩提心」， (於)如是世界(而度)化群生， 無(有)能超越過於彼。

果濱佛學專長

一、佛典生命科學。二、佛典臨終與中陰學。

三、梵咒修持學(含《蘇婆呼童子請問經》)。四、《楞伽經》學。

五、《維摩經》學。

六、般若學(《金剛經》+《大般若經》+《文殊師利所說般若波羅蜜經)。

七、十方淨土學。八、佛典兩性哲學。九、佛典宇宙天文學。

十、中觀學(中論二十七品)。十一、唯識學(唯識三十頌+《成唯識論》)。

十二、《楞嚴經》學。十三、唯識腦科學。

十四、敦博本《六祖壇經》學。十五、佛典與科學。

十六、《法華經》學。十七、佛典人文思想。

十八、《華嚴經》科學。十九、唯識双密學(《解深密經+密嚴經》)。

二十、佛典數位教材電腦。二十一、中觀修持學(佛經的緣起論+《持世經》)。

二十二、《般舟三昧經》學。二十三、如來藏學(《如來藏經+勝鬘經》)。

二十四、《悲華經》學。二十五、佛典因果學。二十六、《往生論註》。

二十七、《無量壽經》學。二十八、《佛說觀無量壽佛經》。

二十九、《思益梵天所問經》學。三十、《涅槃經》學。

三十一、三部《華嚴經》。三十二、穢跡金剛法經論導讀。

果濱其餘著作一覽表

一、**《大佛頂首楞嚴王神咒・分類整理》(國語)**。**1994** 年 **10** 月 **15** 日編畢。**1996** 年 **8** 月印行。大乘精舍印經會發行。書籍編號 C-202。紙本結緣書，有 pdf 電子書。字數：5243

二、**《生死關初篇》**。**1996** 年 9 月初版。1997 年 5 月再版。ISBN：957-98702-5-X。大乘精舍印經會發行。紙本結緣書，有 pdf 電子書。書籍編號 C-207。與 C-095。字數：28396

《生死關全集》。**1998** 年 1 月修訂版。和裕出版社發行。ISBN：957-8921-51-9。字數：110877

三、**《雞蛋葷素說》**(同**《修行先從不吃蛋做起》**一書)。**1998** 年 4 月初版，2001 年 3 月再版。大乘精舍印經會發行。紙本結緣書，有 pdf 電子書。ISBN：957-8389-12-4。字數：9892

四、《楞嚴經聖賢錄》(上下冊)[停售]。**2007** 年 8 月及 **2012** 年 8 月。萬卷樓圖書股份有限公司發行。ISBN：978-957-739-601-3(上冊)。ISBN：978-957-739-765-2(下冊)。

《楞嚴經聖賢錄(合訂版)》。**2013** 年 12 月初版。萬卷樓圖書股份有限公司發行。ISBN：978-957-739-825-3。字數：262685

五、**《《楞嚴經》傳譯及其真偽辯證之研究》**。**2009** 年 8 月。萬卷樓圖書股份有限公司發行。ISBN：978-957-739-659-4。字數：352094

六、**《果濱學術論文集(一)》**。**2010** 年 9 月。萬卷樓圖書股份有限公司發行。ISBN：978-957-739-688-4。字數：136280

七、**《淨土聖賢錄・五編(合訂本)》**。**2011** 年 7 月。萬卷樓圖書股份有限公司發行。ISBN：978-957-739-714-0。字數：187172

八、《穢跡金剛法全集(增訂本)》[停售]。**2012** 年 8 月。萬卷樓圖書股份有限公司發行。ISBN：978-986-478-853-8。字數：139706

《穢跡金剛法全集(全彩本)》。**2023** 年 6 月。萬卷樓圖書股份有限公司發行。➔ISBN：978-957-739-766-9。字數：295504

九、**《漢譯《法華經》三種譯本比對暨研究(全彩本)》**。**2013** 年 9 月初版。萬卷樓圖書股份有限公司發行。ISBN：978-957-739-816-1。字數：525234

十、**《漢傳佛典「中陰身」之研究》**。**2014** 年 2 月初版。萬卷樓圖書股份有限公司發行。ISBN：978-957-739-851-2。字數：119078

十一、**《《華嚴經》與哲學科學會通之研究》**。**2014** 年 2 月初版。萬卷樓圖書股份有限公司發行。ISBN：978-957-739-852-9。字數：151878

十二、**《《楞嚴經》大勢至菩薩「念佛圓通章」釋疑之研究》**。**2014** 年 2 月初版。萬卷樓圖書股份有限公司發行。ISBN：978-957-739-857-4。字數：111287

十三、**《唐密三大咒・梵語發音羅馬拼音課誦版》**。**2015** 年 3 月。萬卷樓圖書股份有限公司發行。ISBN：978-957-739-925-0。〈260 x 135 mm〉規格[活頁裝] 字數：37423

十四、**《袖珍型《房山石經》版梵音「楞嚴咒」暨《金剛經》課誦》**。**2015** 年 4 月。

萬卷樓圖書股份有限公司發行。ISBN：978-957-739-934-2。〈140 x 100 mm〉規格[活頁裝] 字數：17039

十五、**《袖珍型《房山石經》版梵音「千句大悲咒」暨「大隨求咒」課誦》**。**2015** 年 4 月。萬卷樓圖書股份有限公司發行。ISBN：978-957-739-938-0。〈140 x 100 mm〉規格[活頁裝] 字數：11635

十六、**《《楞嚴經》原文暨白話語譯之研究(全彩版)》**[不分售]。**2016** 年 6 月。萬卷樓圖書股份有限公司發行。ISBN：978-986-478-008-2。字數：620681

十七、**《《楞嚴經》圖表暨註解之研究(全彩版)》**[不分售]。**2016** 年 6 月。萬卷樓圖書股份有限公司發行。ISBN：978-986-478-009-9。字數：412988

十八、**《《楞嚴經》白話語譯詳解(無經文版)**-附:從《楞嚴經》中探討世界相續的科學觀》。**2016** 年 6 月。萬卷樓圖書股份有限公司發行。ISBN：978-986-478-007-5。字數：445135

十九、**《《楞嚴經》五十陰魔原文暨白話語譯之研究**-附:《楞嚴經》想陰十魔之研究》。**2016** 年 6 月。萬卷樓圖書股份有限公司發行。ISBN：978-986-478-010-5。字數：183377

二十、**《《持世經》二種譯本比對暨研究(全彩版)》**。**2016** 年 6 月。萬卷樓圖書股份有限公司發行。ISBN：978-986-478-006-8。字數：127438

二十一、**《袖珍型《佛說無常經》課誦本暨「臨終開示」(全彩版)》**。**2017** 年 8 月。萬卷樓圖書股份有限公司發行。ISBN：978-986-478-111-9。〈140 x 100 mm〉規格[活頁裝] 字數：16645

二十二、**《漢譯《維摩詰經》四種譯本比對暨研究(全彩版)》**。**2018** 年 1 月。萬卷樓圖書股份有限公司發行。ISBN：978-986-478-129-4。字數：553027

二十三、**《敦博本與宗寶本《六祖壇經》比對暨研究(全彩版)》**。**2018** 年 1 月。萬卷樓圖書股份有限公司發行。ISBN：978-986-478-130-0。字數：366536

二十四、**《果濱學術論文集(二)》**。**2018** 年 1 月。萬卷樓圖書股份有限公司發行。ISBN：978-986-478-131-7。字數：121231

二十五、**《從佛典中探討超薦亡靈與魂魄之研究》**。**2018** 年 1 月。萬卷樓圖書股份有限公司發行。ISBN：978-986-478-132-4。字數：161623

二十六、**《欽因老和上年譜略傳》**。紙本結緣書，有 pdf 電子書。**2018** 年 3 月。新北樹林區福慧寺發行。字數：9604

二十七、**《《悲華經》兩種譯本比對暨研究(全彩版)》**。**2019** 年 9 月。萬卷樓圖書股份有限公司發行。ISBN：978-986-478-310-6。字數：475493

二十八、**《《悲華經》釋迦佛五百大願解析(全彩版)》**。**2019** 年 9 月。萬卷樓圖書股份有限公司發行。ISBN：978-986-478-311-3。字數：83434

二十九、**《往生論註》與佛經論典之研究(全彩版)》**。**2019** 年 9 月。萬卷樓圖書股份有限公司發行。ISBN：978-986-478-313-7。字數：300034

三十、**《思益梵天所問經》三種譯本比對暨研究(全彩版)》**。**2020** 年 2 月。萬卷樓圖書股份有限公司發行。ISBN：978-986-478-344-1。字數：368097

三十一、**《蘇婆呼童子請問經》三種譯本比對暨研究(全彩版)》**。**2020** 年 8 月。萬卷樓

圖書股份有限公司發行。ISBN：978-986-478-376-2。字數：224297

三十二、**《悉曇梵字七十七字母釋義之研究(含華嚴四十二字母)全彩版》**。**2023** 年 7 月。萬卷樓圖書股份有限公司發行。ISBN：978-986-478-866-8。字數：234593

三十三、**《毘首羯磨菩薩與雕刻佛像之研究(全彩版)》**。**2023** 年 9 月。萬卷樓圖書股份有限公司發行。ISBN：978-986-478-879-8。字數：86466

三十四、**《楞伽經》三種譯本比對暨研究(全彩版)》**。**2023** 年 9 月。萬卷樓圖書股份有限公司發行。ISBN：978-986-478-961-0。字數：764147

三十五、**《楞伽經》中〈遮食肉品〉素食之研究(全彩版)》**。**2023** 年 9 月。萬卷樓圖書股份有限公司發行。ISBN：978-986-478-964-1。字數：103247

三十六、**《《華嚴經》四聖諦品與人生一百一十種苦解析(全彩版)》**。**2023** 年 12 月。萬卷樓圖書股份有限公司發行。ISBN：978-626-386-033-9。字數：84081

三十七、**《《華嚴經》淨行品一百六十二大願解析(全彩版)》**。**2023** 年 12 月。萬卷樓圖書股份有限公司發行。ISBN：978-626-386-034-6。字數：94771

三十八、**《《華嚴經》十住品六種譯本比對解析(全彩版)》**。**2023** 年 12 月。萬卷樓圖書股份有限公司發行。ISBN：978-626-386-035-3。字數：96760

*三十八本書，總字數為 8295412，即 829 萬 5412 字

國家圖書館出版品預行編目(CIP)資料

《華嚴經》十住品六種譯本比對解析(全彩版)/果濱編撰. -- 初版. -- 臺北市 : 萬卷樓圖書股份有限公司, 2023.12
面； 公分
全彩版

ISBN 978-626-386-035-3(精裝)

1.CST: 華嚴部

221.2 112022288

ISBN 978-626-386-035-3

《華嚴經》十住品六種譯本比對解析(全彩版)

2023 年 12 月初版 精裝(全彩版) 定 價 ：新台幣 460 元

編 著 者：果濱
發 行 人：林慶彰
出 版 者：萬卷樓圖書股份有限公司
編輯部地址：106 臺北市羅斯福路二段 41 號 9 樓之 4
電話：02-23216565
傳真：02-23218698
E-mail：service@wanjuan.com.tw
booksnet@ms39.hinet.net
萬卷樓網路書店：http://www.wanjuan.com.tw
發行所地址：10643 臺北市羅斯福路二段 41 號 6 樓之 3
電話：02-23216565
傳真：02-23944113
劃撥帳號：15624015
微信 ID：ziyun87619 支付宝付款
款項匯款後，煩請跟服務專員連繫，確認出貨事宜
服務專員：白麗雯，電話：**02-23216565** 分機 **610**
承 印 廠 商 ：中茂分色製版印刷事業股份有限公司

新聞局出版事業登記證局版臺業字第 5655 號
（如有缺頁、破損、倒裝，請寄回本公司更換，謝謝）